Language +

语言学与应用语言学研究论丛

教育部人文社会科学研究规划基金项目（项目批准号：18YJA740063）
西安交通大学人文社会科学学术著作出版基金
中央高校基本科研业务费专项资金资助
（Supported by “the Fundamental Research Funds for the Central Universities”）

Representation, Processing and Working Memory

in a Second Language Reading

工作记忆与二语阅读心理构建表征研究

杨 蕾 著

西安交通大学出版社
XI'AN JIAOTONG UNIVERSITY PRESS
国家一级出版社
全国百佳图书出版单位

图书在版编目(CIP)数据

工作记忆与二语阅读心理构建表征研究 / 杨蕾著
. —西安:西安交通大学出版社, 2022.12
ISBN 978-7-5693-2806-6

Ⅰ.①工… Ⅱ.①杨… Ⅲ.①第二语言-阅读心理-研究 Ⅳ.①H09

中国版本图书馆 CIP 数据核字(2022)第 181589 号

书　　名 工作记忆与二语阅读心理构建表征研究
GONGZUO JIYI YU ERYU YUEDU XINLI GOUJIAN BIAOZHENG YANJIU
著　　者 杨　蕾
责任编辑 庞钧颖
责任校对 李　蕊
封面设计 任加盟

出版发行 西安交通大学出版社
(西安市兴庆南路 1 号　邮政编码 710048)
网　　址 http://www.xjtupress.com
电　　话 (029)82665248　82667874(市场营销中心)
(029)82668315(总编办)
传　　真 (029)82668280
印　　刷 西安五星印刷有限公司

开　　本 720mm×1000mm　1/16　**印张** 11.625　**字数** 245 千字
版次印次 2022 年 12 月第 1 版　2023 年 2 月第 1 次印刷
书　　号 ISBN 978-7-5693-2806-6
定　　价 85.00 元

如发现印装质量问题,请与本社市场营销中心联系。
订购热线:(029)82665248　(029)82665249
投稿热线:(029)82668531

前言
Preface

工作记忆又被称为工作记忆容量，是记忆系统的一部分，用来储存和加工暂时性的信息。工作记忆在语言理解、学习和推理等高级认知活动中发挥着重要的作用，特别是在二语阅读中。在二语阅读中，二语学习者的阅读能力不仅会受其二语水平制约，还会受到母语的影响。因此，学习者在进行二语阅读时更加依赖工作记忆对信息的加工和处理。

基于此，本书以中国大学生的英语阅读状况为切入点，探究母语阅读能力和二语水平对二语阅读效果的影响。研究采用混合效应模型，从篇章信息加工的角度分析工作记忆与信息控制如何影响读者对外语文本的理解加工。研究结果表明：高水平二语学习者能够通过抑制和强化机制来调节二语阅读篇章的奠基、映射和转移这3个认知过程，从而建立稳定的记忆表征；工作记忆能力强的读者具备较强的信息抑制能力，这个能力非常重要，是结构建造的核心；二语阅读中会出现阈值效应是因为读者在构建文本的连贯心理表征时，工作记忆中的抑制机制出了问题。

与现有的研究相比，本书中研究的创新性主要体现在这些方面：首先，研究的理论视角新颖。现在关于二语阅读的研究较多，但鲜有研究者从认知角度进行二语阅读理解研究。本书从建构整合模型和结构建造框架理论出发对影响二语阅读效果的因素进行实证性检验，这样的尝试为二语阅读研究提供了新的理论视角。其次，研究在内容上有所创新。在母语阅读中，理解是为正在被理解的内容建立连贯心理表征的过程，这一观点获得了广泛认可；但在二语阅读中，对于该理论的研究仍处于起步阶段。最后，研究运用了全新的测试方法和数据分析方法：移动窗口阅读技术在心理学领域使用广泛，但在语言学研究中并不多见；

R语言使数据处理更加灵活、方便，也在数据统计方面为其他语言学研究者提供了技术参考。

由于著者水平有限，书中难免会有疏漏，恳请广大读者和同行批评指教。

杨 蕾

2022年10月

目录
Contents

第1章 绪论

1.1 研究背景

1.1.1 中国大学生的英语阅读现状

阅读心理加工活动是阅读理解的核心，语篇理解在很大程度上取决于内在加工的结果。语言学习者不能建构连贯的语篇心理表征，通常与其缺乏阅读加工能力有关。在语篇阅读的过程中不能恰当推理语篇隐含的意义也是众多语言学习者亟待解决的问题。当前中国英语学习者的英语阅读能力普遍存在一些问题。蔡基刚(2005)指出，中国大学生阅读英语专业文献的能力较为薄弱。周慈波(2007)指出，英语阅读能力不足已成为困扰中国大学生英语学习的重要问题。一项针对学生阅读能力的调查发现，中国大学生和中学生的英语阅读能力与国家制定的相应大纲要求存在较大差距(鄢家利 等，2007)。李胜机(2010)对中国非英语专业大学生英语阅读能力状况进行了调查，结果显示被调查者除了信息理解能力、总结概括能力、扫读和略读能力较强以外，其词义猜测能力、借助词汇与语法知识理解结构关系的能力、理解主旨大意及语篇隐含意义的能力均较为欠缺。管淑红等(2011)采用问卷调查法考察了理工类院校英语专业学生阅读能力的现状，结果表明学生的英语阅读能力不足，尤其是认知加工能力匮乏，不能有效利用上下文的语境进行理解监控，也不能较好地利用语素知识推理出词语的意义。另外，一些学者通过统计分析了十年间(1995 至 2004 年)英语专业八级阅读的测试情况，发现多数测试者语篇衔接手段的鉴别能力较弱，阅读的表层结构理解欠佳，同时也缺乏一定的背景知识，运用阅读结构和上下文进行推理判断的能力较弱(段云礼 等，2004)。针对上述情况，笔者总结了中国的英语学习者阅读及加工能力不足的原因，发现知识传授型的教学方法和以语言学习为本的课程设置（何奇光，2001）、长期应试教育和有限的课本知识（梁晓晖，2003）、有限的阅读教学课时及较少的课内阅读量（张法科 等，2007）均是导致语言学习者阅读能力偏低的重要原因。另外，阅读课只教授语言知识点使学生对阅读的兴趣较弱，而网络阅读、手机阅读、电子书阅读等新兴阅读方式提供的大多是“杂乱无序”而非系统的知识，致使学习者只能“浏览”内容，却无法做到“深度”阅读（张绍杰，2012）。这种“碎片式”的阅读也无法使学习者的阅读能力得到有效提升，因为学习者在阅读中缺乏一定的推理和理解监控能力来建构连贯的语篇心理表征（周红辉 等，2004）。

语言学习者阅读加工能力不足的原因可总结为这几个方面：首先，阅读是一个能动、积极的思维过程，是学习者新旧信息相互作用的过程，二语学习者的目标语陈述性知识（declarative knowledge，如词汇、语法知识）缺乏、二语词汇解码和句法加工能力不强等较低层次加工能力的不足必然会影响其推理加工这样较为复杂的认知过程。其次，语言学习者缺乏目标语国家的文化背景知识、语篇主题的相关图式便无法对语篇隐含意义进行充分加工，也就无法建构完整的语篇表征。最后，语境意识缺乏也会影响语言学习者在阅读中的理解加工。语境有助于学习者根据先前的语篇预测后面即将出现的信息，学习者缺乏语境意识便不能有效利用语境提供的信息，也就不能充分理解语篇的含义。

1.1.2 二语阅读的重要性

阅读作为学习的重要工具，是学习者获取信息的重要途径，是生活中更新知识的重要活动，也是工作中必须具备的重要技能。阅读也是语言活动的重要组成部分，在语言研究中占据重要的地位。二语阅读是复杂的认知过程，如何获得最佳的阅读效果一直是国内外研究者们热衷研究的课题。在二语学习中，不少二语学习者的阅读能力低下，无法流畅阅读生词较多且体量较大的阅读材料。他们中有的人逐字逐句阅读，把阅读课变成词汇或语法学习课，阅读时常常把英语文本译成汉语文本；有的人阅读时则胡乱猜测，经常曲解文章大意。这些学习者通常难以理解文章的意义，更难以感受到阅读的乐趣。可见，如何提高二语学习者的阅读理解能力是目前摆在教学者面前的一大难题。在二语阅读教学过程中的备课、授课、作业批改等环节也会花去教师大量时间，但收效有限，学生的阅读能力始终未能达到预期目标。

近年来，阅读研究领域取得了不少成果，但主要集中在理论层面，探讨较多的是阅读策略、语言能力和阅读效果的关系，对阅读中的认知加工研究（尤其是对阅读中影响认知加工有效性的研究）则不够深入。然而，阅读模式的认知过程及其应用性研究对教师教学工作的开展及学习者阅读方法的改进和阅读能力的提高有着较大的促进作用。可以说，阅读模式的认知过程及其应用性研究有利于推动现阶段阅读教学理论研究的发展和实践效果的改进。阅读是一项重要的语言交际形式，也是学习者掌握语言知识和提高语言应用能力的基础。桂诗春(1986)指出“阅读是牵涉各方面因素的复杂的心理过程，我国在训练英语阅读能力时的一个偏向是将语言因素，如语法、词汇、语音乃至话语分析的知识和能力同非语言因素，如认知能力、逻辑思维能力、背景知识等相混淆，甚至用前者代替后者，于是出现了一种逐句分析语法结构式的阅读方法”，或者“自下而上”的阅读方法(Gougher,1972)。自下而上阅读模式一般指阅读从文本的底层结构开始，从字形、语素、词汇等这些离散的视觉单位出发；为了构建文本意义，读者以“向上”的方式阅读到诸如短语、句子、段落、书面语块等较大单位(Hedgcock et al.,2009)。Laberge 等人(1974)认为“阅读理解涉及书面信息感知，然后再将之传送到大脑各个不同位置进行处理，读者把拼写模块、单词、词组和句子的视觉表征与音位记忆及语义记忆相联系”。

另一种“自上而下”的阅读方式则是通过主观性的猜测和推理来理解文本信息，这种阅读方式相当于“心里猜测游戏”，是主动的“猜测-证实”活动，在这一过程中阅读对象与阅读者相互作用(Goodman et al.,1976)。“自上而下”阅读模式也存在缺陷。比如，一些学者认为自上而下阅读模式以读者为阅读过程的中心，过分夸大了读者在阅读过程中的主观预测、推理等能力，忽视了“在阅读中对词、句、段落等的解码过程”(杨海丽 等,2007)。Hedgcock 等人(2009)指出“自上而下阅读模式使人们较少关注文本获取信息的过程”。

上述两个模式都存有较大分歧和争议。现在不管是在母语研究还是在二语研究领域，大部分研究者都支持阅读的交互作用模型(Rumelhart et al.,1981; de Rumelhart et al.,1994; Carrell et al.,1988)。交互作用模型认为阅读是不同成分之间的相互影响。在二语阅读领域里，有学者曾提出语言相互依存假说，即当读者进行二语阅读时，母语阅读能力会迁移到二语阅读中。Coady(1979)提出要实现母语阅读能力向二语阅读迁移，阅读者必须达到一定的二语水平。因此，即使熟练的母语阅读者也不一定能在二语阅读中有较好的表现，除非他的二语水平已经达到了阈值(Clarke,1980;Cummins,1980;Cziko,1980)。

随后,Alderson(1984)在研究二语阅读问题后提出了一个试探性的论点:母语阅读能力与二语水平都影响二语阅读理解的效果,对于二语水平低的二语学习者来说,二语水平的影响要比母语的影响更加显著。随后一系列的研究(Perkins et al.,1989;Bossers,1991;Carrell,1991;Bernhardt et al.,1995;Brisbois,1995;Taillefer,1996;Lee et al.,1997)都对母语阅读能力和二语水平对二语阅读能力的影响进行了探讨,这些研究结果形成了较为统一的看法,即母语阅读能力和二语水平都能预测二语阅读的效果,并且进一步证实随着二语水平的增加,母语阅读能力的贡献也随之增加(Brisbois,1995;Perkins et al.,1989;Lee et al.,1997)。

到目前为止,对母语阅读能力、二语水平和二语阅读能力这 3 个变量之间关系的研究大都集中在二语环境下的同源语或字母语言之间(如英语与法语、英语与西班牙语等),针对非同源语或者非字母语之间(如英语与汉语)的类似研究却很少见,而已有的研究结论是否适用于非同源语仍不得而知,因为不同语言间阅读技巧的迁移很可能是具有语言特性的。还有一些学者认为语言差距是影响语言迁移的重要因素(Odlin et al.,2001)。上述的研究结论是否可用于像汉语与英语这样差距很大的语言尚未得到印证。

此外,二语阅读是一个复杂的认知心理过程。从阅读心理来看,理解是通过构建对所理解内容的连贯心理表征来实现的,当读者心理表征是连贯的并能够准确抓住文本的意思,理解就形成了(Kintsch 1988;Trabbasso et al. 1984)。Gernsbacher(1990)的结构建造框架阐释了奠基、映射和转移这 3 个二语阅读心理认知过程,以及强化和抑制两个认知机制,以此帮助构建阅读文本的连贯心理表征。奠基是指在阅读的最开端,由第一个单词、第一句话或第一个人物奠定阅读的主题信息。映射则把后续相关信息投射到正在建设的心理结构上,使主题信息不断发展。如果后续的信息与主题信息不相关,则后续的信息发生转移。上述 3 个认知过程受到强化和抑制的驱动。从工作记忆的角度来说,与主题信息相关的概念被有效激活,保存在工作记忆中并建立连贯的心理表征;而与主题信息无关的概念被抑制,使有限的记忆资源得到释放。为什么有些读者会在阅读时无法进行信息的调节并将与主题相关的概念激活,也就是对最相关的信息保持高度的注意力,而有些读者却可以做到呢?对于读者来说,阅读很大程度上可能与工作记忆中的资源占有相关,因为二语阅读是高层次的心理运作,是需要预测、分析、综合、推理及先验知识等多方面共同参与的语言加工活动(Jeon et al.,2014),不仅需要母语阅读策略和二语知识,还需要工作记忆的参与。

简单阅读观认为,阅读包括两个紧密联系、不可分离的重要过程:解码和理解(Hoover et al.,1990)。在具体的阅读中,失语症的读者能够理解意思但不能解码单个文字;而阅读障碍者解码单个字没有困难,理解却碰到难题(McNamara et al.,2004)。在现实中,阅读障碍者更为常见,他们在阅读中不能连续理解句子,对篇章的理解也更加困难。Davoudi(2005)认为导致"阅读障碍"的关键因素是读者的阅读推理能力不足,而能否有效进行阅读推理又取决于读者的工作记忆容量,因为它能帮助读者储存相关信息并有效加工文本内信息,从而作出基于知识的推理。Perfetti(1985)认为工作记忆是将词汇组织成命题,命题又组成更大的意义单位。工组记忆可以将文本信息进行意义层面上的综合,最终使读者理解文本内容。Kintsch(1988)则进一步提出,工作记忆可以帮助同时激活多个文本命题,并使它们连接起来。研究者还先后开展了许多相关实证研究来证明工作记忆与阅读理解的关系。Yuill 等人(2011)的研究表明,工作记忆强的读者能有效发现文本语义内容不紧凑、前后不衔接的问题,并能较好地整合相关信息,从而理解阅读内容的主题思想;相反,若读者缺少足够的记忆能量,上述重要的认知加工活动则无法有效进行。Singer 等人(1996)也通过工作记忆的"阅读广度任务"测量了读者的工作记忆能量与读者在阅读中进行文本推理的能力之间的关系,发现两者密切相关:工作记忆容量高者能有效进行文本推理,并构建理解的情境模型。Daneman 等人(1996)则直接计算了工作记忆与语言能力的相关系数,提出阅读能力强的读者能有效储存和加工信息,这也是工作记忆的两个重要环节。

由此可见,工作记忆在不同的层面对二语阅读理解产生着重要影响,但是围绕二者之间关系的研究中也出现了不同的声音。一些学者认为学界过于夸大工作记忆对二语阅读的影响(Turner et al.,1989;Juffs,2006)。任虎林(2013)认为工作记忆不是直接影响二语阅读准确度的重要因素。形成上述争议的一个重要原因在于,就研究方法而言,先前的研究对于工作记忆的测量大都没有统一的测量方法——有的研究使用传统纸笔方式测量,有的使用网络方式测量。不同的测量方式会使研究结果无法比对。此外,对于二语阅读理解的评估以静态描述为主,忽视了对二语阅读心理认知过程的探讨(Koda et al.,2007)。

综上所述,阅读理解是受到多因素影响的高级心理认知活动。本书从两个方面对影响二语阅读理解的认知过程展开研究:一是构建一个多因素二语阅读回归模型,并尝试将工作记忆引入模型;二是从二语阅读心理认知的角度探讨工作记忆与信息控制如何影响二语阅读文本的理解和加工。

1.2 研究内容及框架

1.2.1 二语阅读理解多因素模型

自20世纪80年代起,语言学研究者一直困惑于阅读二语为什么不能像阅读母语那样轻松。由Alderson(1984)提出的"二语阅读是一个语言问题还是一个阅读问题"引发了一场世纪之辩,并在实证研究的推动之下演变成了关于两大关键预测变量——二语水平和母语阅读能力——对二语阅读理解能力贡献程度的研究。尽管各种研究的具体数据存在差异,但其结果大同小异,那就是二语水平与母语阅读能力都是二语阅读的显著预测变量。但在一些学者看来,二语阅读是更高层次的心理运作,不仅需要母语阅读技能和二语语言技能,还需要认知能力(Jeon et al., 2014)[191]。工作记忆被认为是形成基本认知的重要影响因素。没有工作记忆,储存在长时记忆中的知识无法与其他认知发生互动,理解也无法完成(Grabe,2009)。基于上述认识,本书中的研究构建了一个多因素回归模型,其中包括母语阅读能力、二语水平能力和工作记忆能力,以期重新界定这些因素对学习者二语阅读水平的影响力。

1.2.2 工作记忆与信息控制对二语文本加工的影响

工作记忆具有同时储存和加工信息的能力(Engle, 2001; Just et al., 1992; Linck et al., 2013),理解者心理表征的构建模块被称为"记忆单位"(memory cells)。记忆单位的激活程度受到三个因素的影响:①输入的信息;②理解者的先验知识;③理解者的语言知识(Walter,2007)。记忆单位一旦被激活,它们代表的信息就会被用在认知加工过程中。激活后的记忆单位能够传递加工信号,这些信号会抑制或者强化其他记忆单位,也就是说,记忆单位的激活程度受到抑制和强化这两大认知机制的调节。如果记忆单位代表的信息与当前结构无关,抑制机制就会减弱它们的激活程度;反之,强化机制就会加强它们的激活程度。

无论是激活还是抑制都有助于语言的理解(Daneman et al.,1996)[427]。成功的阅读理解需要读者尽可能抑制不相关的信息,将与主题相关的认知资源分配到高层次加工中。工作记忆容量高的读者在阅读中表现更好,因为在阅读理解中,工作记忆容量高者存储信息更多、处理信息更快(Baddeley,1992)。基于这种认识,本书中的研究采用在线篇章处理方法来探究二语阅读加工的过程,并使用混合效应模型从篇章信息的角度分析工作记忆与信息控制如何影响中国二语学习者的文本加工。

1.2.3 实验结果反哺教学

科学研究和教学不应是对立的,而是相辅相成的,科学研究结果可反哺教学。本书除了探讨二语理解多因素模型的构建、分析工作记忆和信息控制对二语文本加工的影响,还希望为二语阅读教学提供一些有益的启示。本书研究的整体框架如图 1-1 所示。

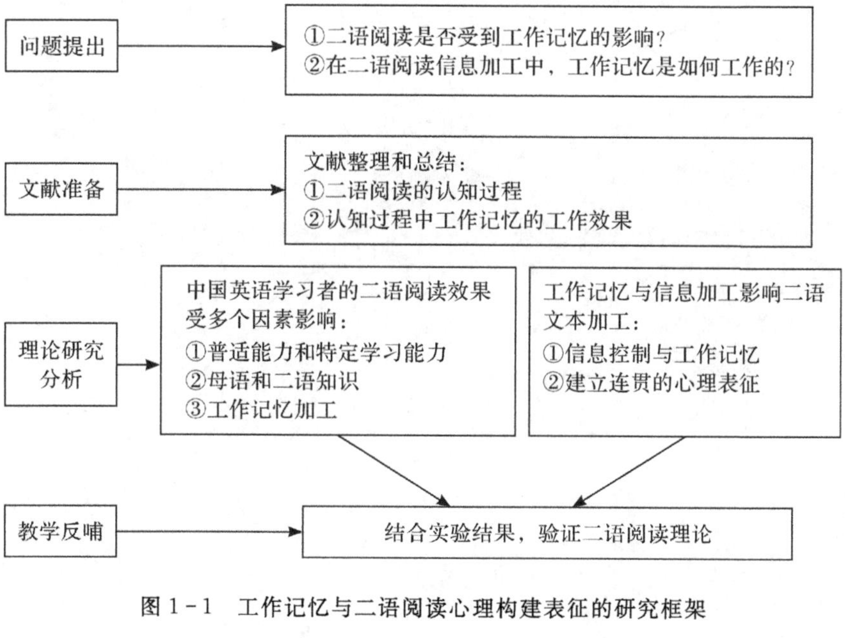

图 1-1 工作记忆与二语阅读心理构建表征的研究框架

1.3 研究意义

在理论方面，本书研究有利于完善工作记忆与二语阅读理解之间关系的理论内容，有利于从新的角度去探索二语阅读认知心理问题，有利于重新界定影响中国学习者英语阅读的因素，有利于解决工作记忆容量测量手段不一致的问题。

在实践方面，工作记忆与二语阅读理解研究的实验数据为二语阅读教学提供了一定启示。例如，二语工作记忆能力的发展受该语言音位体系表征的限制，所以适当进行语音教学有助于改善阅读理解能力。

第2章

阅读及影响阅读的因素

2.1 阅读的定义

阅读是一个复杂的信息获取过程，这一过程通常被定义为“从书本中获取作者的意图”“消化文字的内容”或“吸收印刷品中传递的信息”，事实上这些定义都只涉及阅读过程的某一个方面，而关于阅读的精确定义应该包括阅读技能的各个方面(Tucker et al.,1997)。不同学者对于阅读有不同的理解。比如，阅读是一个复杂的过程，在此过程中，读者在一定程度上重构文字编码的信息(Good et al.,1976)；阅读是对书面或印刷语言的信息处理(Avdonina,2019)；阅读是一个各项能力相衔接的过程，包括从机械的映射到更复杂的概念操作，如进行推理和推断(Pavlenko,2014)；阅读是复杂、多层面的，需要对多个方面不断进行展开和整合，同时是使用文本创造意义的实践(Johnson et al.,2021)，等等。

阅读理解的过程是对书面符号意义识别的过程，这一过程是积极、主动的(李洪华,2008)。在《大英百科全书》中，阅读被定义为一种基本的智力技能，是从印刷的语言符号中获取意义的心理过程(徐惟诚,2008)。Soliman(2014)认为“阅读需要在书面文本中建构意义”。阅读理解的本质是将语言信息传入大脑，同时进行记忆分析并作出判断。完整的阅读过程实际上还包括更高层次的感知，即对篇章形式、内容审美及思想内容的批评(周玉凤 等,2013)。总而言之，阅读是读者在更高的层次感受作者的措辞、材料的选择和结构的安排，解码作者的观点、态度及意图，重构文章的主旨。阅读理解过程不是读者消极被动地接受信息的过程，而是主动通过感觉器官识别文字符号进而理解文本符号的推理过程。

阅读是文本信息提取和处理加工的过程，涉及一系列相互联系的阶段。Selinker(2009)认为阅读包括 3 个阶段：识别阶段、建构阶段和释义阶段。学习者在识别阶段主要是辨认音位和字形、图形表征，在建构阶段主要是理解句法关系和句法单位的结构意义。释义阶段则是阅读理解的最高层次，在这一阶段学习者结合语境推理词语、短语或句子在上下文中的意思。曾祥芹等人(2002)把阅读分为阅读前期(选码和识码)、阅读中期(解码和编码)和阅读后期(储码和用码)3 个阶段。阅读前期是准备阶段，在此阶段，读者主要产生和保持动机行为，同时选择读物，并对读物进行初步感知和识别；在阅读中期，读者行为主要是理解和阐释读物语言代码的意义并组织编制新的认知结构，因为文字符号是(语言)的代码，读者必须通过文字代码抽取其中的意义；阅读后期主要是存储、利用已经加工过的信息。从这种意义上说，阅读是一个语言认知过程。

Smith(2013)强调阅读中认知的重要性，坚持"阅读和认知不可分"。认知是阅读理解中最基本的能力，包括语义的组织和整理(Goodman，1973；Rumelhart et al.，1981)。一些学者也指出，"阅读是读者心理过程与生理过程的统一，是内隐的智力活动与外显的言语操作的统一，也是读者全身心的一种投入；只有当读者的心智处于高度活跃的阅读状态的时候，才能实现心理自由的阅读"(曾祥芹 等，2002)[13-14]。

阅读是人脑所特有的高级机能。语言认知不能脱离人的身体构造，不能脱离人赖以生存的物质世界，也不能脱离人的认知功能(李福印，2008)。阅读以感知文字符号为开端，不同的语言有不同的文字符号，而不同的文字符号会引起感知心理和生理机制上的差异(曾祥芹 等，2002)[13-14]。Randall(2007)[151]指出，"阅读时大脑快速的转动是由先天机能决定的，并由先天机能驱动的先验知识进行解释"。

阅读以视觉感知为主要形式。阅读时视网膜上接收到的信息经神经传至大脑，从而被存储和传送。大脑是认知和语言的物质基础，而大脑中的神经元是处理神经信息最重要的细胞，这些细胞从树突接受信息，又沿着轴突把信息传递至别的神经元；认知就是通过激活大型神经元集合中的神经活动而产生的(桂诗春，2000)。

阅读是读者接收的信息与人脑储存的先验知识相互作用的结果。在一定意义上，人脑在阅读中就像一部信息加工设备。一个正常人在阅读时，文字符号信息通过神经活动传至语言感应区(威尔尼克区)，再传至语言运动区(布罗卡氏区)；通过这些活动，大脑皮层中出现了一系列思维活动和情感活动(胡继武，1991)。在整个阅读中，语言运用的心理过程以认知为基础(桂诗春，1986)[1-13]。阅读中绝大多数心理活动都与认知相关(丁锦红 等,2010)。

阅读是感知的过程。感知是人们对感觉到的信息进行提取和加工,同时指导机体针对这些信息作出反应(Blake et al.,2005)。Hoey(2001)也认为阅读是构建心理交互机制,为文本的理解奠定基础。Randall(2007)[145-146]指出人们通过大脑将世界作为有意义的概念来感知。最初进入大脑的原始信息以物质形式被接收,感官对这些信息的处理大多是迅速的,且在不知不觉中进行。阅读中的感知是信息加工系统不断地按照先验知识诠释输入信息的结果。

2.2　阅读中的语言要素

文本阅读的认知过程涉及文字辨析、音位解码、词汇识别、句子理解、语篇理解等方面,有些过程在短语或句子层面运作,有些涉及整个语篇的理解。

2.2.1　阅读中的文字解码

文字是书写符号,是读者首先感知的视觉符号,以视觉所能感知的字的形体特征来标记语言,是语词所代表的某种概念或意象的载体(曾祥芹 等,2002)[13-14]。文字大致分为三类:表意文字(logographic,如汉语和日语汉字)、音节文字(syllabic,如韩语和日语假名)和字母文字(alphabetic,如英语、阿拉伯语、西班牙语、希腊语等)。每种文字的拼字使用不同类型的符号和组织原则。例如在字母语言中,文字由字母构成,是按一定规则和顺序组织起来的有意义的字母串。Golden(2010)提出"当字母串能够形成一个单词时,此时它较无意义的字母串更容易辨认",这种现象被称为"词优效应"。桂诗春(2000)[1-13]指出"单独的字母如果是作为词的组成部分而显示,它的辨认程度要低于它作为非词的一部分显示或单独显示"。例如,在right(权利)中的r要比rhgit中的r容易辨认。Carroll等人(2011)认为,"在上下文中辨认字母要比在孤立的文字中容易得多",因此"词优效应有利于阅读的认知发展"。

中文是表意文字,而英文是字母文字。对于中国学生来说,学习英文不像识别不同符号那么简单,这是由于中文和英文这两种不同语言本身的差异(McIntosh,2011)[312-314]。对于英语初学者来说,汉语文字的呈现方式对其学习影响更大。Miller等人(2011)认为,"阅读理解受到目标语文字系统的影响,因此学习者很有必要了解目标语的文字系统"。例如,母语为汉语的学习者在学习英语时,必须将观念从文字符号表示含义转换到文字符号表示声音。换言之，他们必须理解字母语言的规则，以尝试通过记忆整个单词来进行阅读，而不是通过语素联系。

2.2.2 阅读中的音位解码和词汇识别

识别相互关联文本中的声音和含义称为解码(Lems et al.,2009)。音位解码需要读者"读出"书面文字，这是阅读成功的重要标志之一。音位解码是"阅读中不可缺少的核心能力"(Lems et al.,2009)[112]，因为"掌握单词的音位表征有利于从工作记忆中检索单词，当我们看到书面文字时，我们从自己的长时记忆中检索它，并将之移入短时记忆以备使用"(Lems et al.,2009)[3]。因此，音位解码在阅读中起着重要作用。音位解码是"单词通过语音环的功能进行存储"(Birch,2007)。当学习者遇到一个新词时，语音环会把该词的视觉或音频刺激转换成一个基于声音的"语音形象"，之后大脑会创建一个"位置"在短期内容纳这个词，这一位置将在学习者学习该单词或之后用语义联想时被占用。Lems 等人(2009)[91]认为，"语音环的作用是把数据输入视觉或听觉中的短时记忆，而后又移入长时记忆中"。学习者在阅读中解码英文单词时会从文字符号开始，然后将其与声音匹配；而他们在书写英文单词时，会先从声音开始，然后将其与文字符号匹配。不管从哪一端开始，两个过程都需要对文字的声音和符号进行匹配(Lems et al.,2009b)。

词汇的识别与语音密切相关，是将语音要素与语义要素相关联的结果。文本理解的很大一部分内容是理解单词，McIntosh(2011)[312-314]指出，"无论阅读的文字是字母文字、表意文字还是音节文字，单词都是书面文本最基本的单元"。因此，单词的理解对阅读认知有着很大影响，例如，RUN 作为字母和作为单词是有区别的，因为作为字母符号是任意的，单个字母也没有内在含义。单词意义的获得通过语言系统实现；同样，声音除了作为语言系统的一部分外，本身也没有任何意义(Randall,2007)[150-151]。因此，研究词汇识别的过程和模式，对了解人类认知活动的规律有着不可低估的作用。

词汇识别的内涵是词汇认知，即"遇见并认识单词"(Lems et al.,2009)[161]或"提取其含义"(丁锦红 等,2010)，涉及"解码书面文字，访问其基于发音的表征，并从大脑记忆中检索其意义"(Traxler et al.,2006)。桂诗春(2000)[1-13]强调词汇认知是词的提取和辨认：词的提取是在知觉和语境的基础上激活多个候补词；词的辨认是在上下文中识别被认同后的候补词。彭聃龄(2001)认为，"词汇识别主要通过知觉加工对视觉形式呈现的语言刺激进行初步编码,这是语言理解的初级水平,受到语境、词频等因素的影响”。词汇识别涉及知觉信息和语境信息。知觉信息来自一个形式识别器,它能察觉直线、曲线等线条之间的相对位置,甚至整个词的形状;语境信息是先前储备的信息,包括与词相联系的图画和客观世界的背景知识(桂诗春,2000)[1-13]。

词汇识别是一个复杂的过程,它是基于拼写、音素和语义这三种语码之间的交互作用而实现的。一些学者认为,“阅读中英语单词的识别一般有两个步骤,首先确定单词的首字母或前几个字母并找到与其匹配的音素,然后从左到右匹配单词的其余字形和音素”(Lems et al.,2009)[95]。阅读者凭借大脑记忆这些声音,将这些声音重新进行组合,形成心理表征,并将其与所听到词语中的某一个单词进行匹配。这一认知过程一旦发生,单词的理解便得以实现。Randall(2007)[152]提出了词汇识别的简单模式:“词汇识别是字符识别,同时伴随着意义的构建,嵌入在工作记忆之中。”词频高的词比词频低的词更容易识别;有语义联系的词组(如 windows 和 doors)比无语义联系的词组(如 door 和 compute)更容易识别;具体的词(如 books)比抽象的词(如 hate)更容易识别。在阅读过程中,当词的多个意义被同时短暂激活时,读者会基于语境来决定哪一个意义被保留。

在阅读中除了需要识别单词,还需要组织单词。单词组织以语义网络的形式展开。在语义网络中,词与词通过语义关系而相互连接,在大脑中组成一个庞大而复杂的网络结构。连接距离越短说明两词之间的关系越近。语义网络形式包括层级网络模型(Collins et al.,1970)和扩展激活模型(Collins et al.,1975)。层级网络模型主要体现词的范畴关系和属性关系。激活扩散模型则将概念以语义相似性或语义联系组织起来。不同的概念通过其共同特征形成联系,共同特征越多,其关系就越密切,回忆时就更容易相互激活。

2.2.3 阅读中的句子理解机制

20 世纪 70 年代,有研究者通过计算机监控阅读流利者的眼球运动,发现这些读者阅读时的聚焦点不在字母或单词上,这表明有关阅读认知的研究或许应将重点放在文本中的较大单位。这个理论得到学者们的认可,因为大多数人在阅读时发现自己会忽略某些字母和单词,甚至有实验表明当单词没有按照正确的顺序排列时,读者仍可以读懂句子的内容。所以阅读的目的不是理解单词的意思,而是理解句子中词与词之间的关系，包括句法关系和语义关系。语言理解的基本单位是句子，故语言理解亦称为句子理解，这是因为句子意思完整，在语言理解中居于中心位置（桂诗春，1991）。

句子理解是多种心理活动相互作用的结果。句子理解以单词、短语等语言成分的识别为基础，通过对字词的物质外壳（语音或字形）进行编码来实现对词义的确切把握。要达到句子理解的目的，还需对句子进行句法分析和语义分析，两种分析紧密结合、相互作用（彭聃龄，2001）[119-120]。

句子理解是一个极为复杂的认知过程。句子的处理涉及完全基于读者语言知识的抽象心理结构，因为语音表征本身无法提供句法信息。理解句子时，读者通常将句子中的单词储存在长时记忆中。句子存储在长时记忆中会发生三种情况：①句子结构信息甚至个别词项的信息丢失，而句子意思则保留了下来；②许多句子的意义结合在一起，所以单个句子的表征不再独立；③意义表征中增添了推理的内容（Fernandez et al.，2011）。Traxler 等人（2006）[337]认为，“句子层面的阅读是理解短语间句法和概念的关系”，也就是理解句子的句法结构和含义（包括与理解相关的认知系统、语境知识、先验知识、会话原则等）。如果句子由名词词组或介词词组等短语词组构成，句子的理解主要依赖于句法结构。含有中长句的文本实际上更容易理解，因为它们具有明确的句内连接手段或者涉及对某一词或概念的解释。但 Koda 等人（2007）通过研究证明“句法的复杂度和长度与阅读难度没有关系”。因为一个句子真正想表达的意义可能并非其字面意思，不同的修辞和语境也会使同一句话表达的意思有所不同。Fernandez 等人（2011）[112]也印证了上述说法：“虽然句子本身自带含义，但不同的读者也会对同一句子有不同的理解。这取决于诸多因素，如上下文语境、感知者的心态、阅读和写作交互作用的目的和方式等。”

2.2.4 阅读中的语篇理解机制

文本由一系列相互连接的句子组织而成。阅读中读者一般不是孤立地阅读句子，而是基于一系列句子组成的语篇来进行理解。随着心理语言学研究的深入，研究者意识到对理解的研究需要考察语篇这一更大的语言单位，因为语篇的构成虽离不开句子，但它的意义大于句子意义的总和，为理解提供更多语言和非语言的线索，例如协助连接的语言因素（连接词、共指、替换、省略等）和协助连接的非语言因素（先验知识）。缺乏语言知识和先验知识都会阻碍对语篇的理解。Boddaert 等人(2021)认为语篇理解需要先建立话语表征，然后再将话语表征和真实世界的模式进行比较。语篇阅读中的认知环节是同步进行的：首先，阅读是文本的视觉(知觉)注意过程；其次，在阅读中读者需要运用语言技能和与文本内容有关的知识表征；再次，当输入的新知识与先验知识发生冲突时，读者会进行整合或者抑制，同时还会受到内容和情绪状态的影响；最后，当读者需要产出时，读者需要从长时记忆中提取信息(丁锦红 等,2010)[221]。总而言之，读者进行语篇理解是在阅读中获取单个句子的基本信息，并将这些信息集合成具有语义和语用特征的连贯性框架。要做到这一点，读者就必须具有连接句子所需的语言技能和相关的先验知识，并将其与新知识融合来实现最终的语篇理解。

2.3 阅读中的信息加工

随着心理语言学、认知语言学等学科理论的迅速发展，阅读研究者的焦点也开始从语言要素转向心理认知研究，比如研究阅读的心理机制，以及受这种机制影响的信息处理方式。理解阅读文本的信息处理过程不但需要考虑即时语言环境，还需要考虑更广泛的文化语境。在阅读或阅读教学研究中，研究者关注较多的一般是语言知识习得过程，较少关注语言文化知识习得过程。因此，有些读者在阅读中过于看重自下而上的信息流，以至损害了对文本意义的理解。

Woelfer 等人(2019)指出，“信息能帮助读者作出决定”。阅读是对印刷内容的信息处理，是从书面文字中获取信息的过程，在这一过程中所获取的有关情况、理论、技术、方法及心得体会等方面的信息统称为阅读信息。阅读信息可分为视觉信息和非视觉信息(即先验知识)。前者指阅读时通过眼睛进入大脑的信息，后者则指和语言相关但不能从书面上获取的信息或知识。在阅读过程中，读者的理解首先依赖于感官直接输入的信息，但是只有视觉信息并不足以完成阅读理解任务，还需要调用记忆系统中所存储的先验知识，例如过去的经验、相关的语法知识、相关的语境等，因此视觉信息和非视觉信息都是完成阅读理解必需的信息(彭聃龄,2001)[109-110]。

阅读是将视觉信息和非视觉信息综合在一起，读者阅读书面文字时将视觉信息与头脑中的非视觉信息结合起来形成理解。非视觉信息是读者能够理解视觉信息的心智资源，因此，视觉信息和非视觉信息在阅读中同等重要，并相辅相成(Wissman,2021)。例如，阅读中的词汇识别受到视觉信息和非视觉信息的共同影响。当读者阅读书面文字时，大脑并不能立即解码书面中的视觉信息，此时读者需要调用记忆中存储的相关非视觉信息来帮助理解。

2.3.1 阅读中的记忆系统

记忆是人们对所经历事物的反映，当事物和对事物的体验直接作用于人的感觉器官时，大脑就产生了对该事物的印象，即感觉和知觉；而在该事物的作用停止后，感觉和知觉也随之消失，但对该事物印象的“痕迹”却能在大脑里保持相当长的时间，在一定条件下还能重现(崔雅丽，2011)。

记忆理论认为学习者在阅读中需要记忆系统和记忆的内在加工。Eysenck(2009)认为学习和记忆涉及编码、贮存、提取等一系列阶段，学习者在呈现学习材料时的加工称为编码，编码使一些信息被贮存在记忆系统之中，提取则是从记忆系统恢复或抽取所贮存的信息。记忆的贮存模式有三种，即感觉贮存、短时贮存和长时贮存(见图 2-1)。感觉贮存保持的时间非常短且具有特异性；短时贮存即对信息进行短时的存储；长时贮存的容量具有无限性，且存储可以保持较长的时间。感觉贮存首先接收来自环境中的信息，信息在感觉贮存中保持的时间很短暂，其中一部分得到注意并被短时贮存的记忆替换加工，而没有被注意到的信息则慢慢地消退；部分经短时贮存处理的信息被转移到长时贮存中，信息的长时贮存常常依赖于复述；在短时贮存中对信息进行复述的次数与所储存的记忆痕迹的强度存在关联，同时在长时记忆中抑制干扰信息。

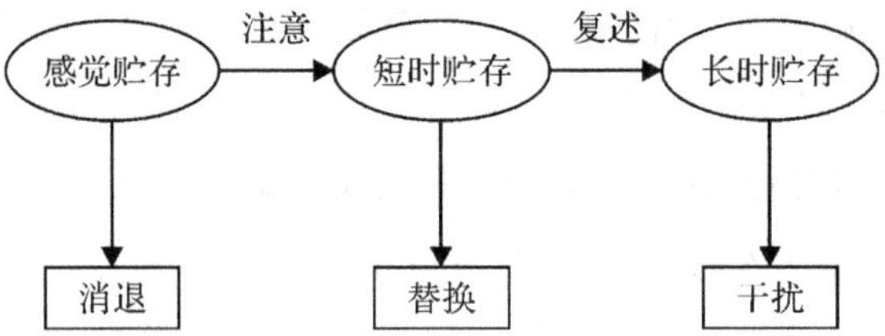

图 2-1 记忆贮存示意图

在早期关于记忆的研究中，记忆分为长时记忆和短时记忆。长时记忆是“我们了解世界的永久来源，为理解书面语而已经拥有的知识是长时记忆的一部分”(Smith，2013)[264]。要解释物质数据并从中提取有意义的特征，除了需要视觉接收的物理信息之外，还需要长时记忆反馈的信息。Birch(2007)[34]指出，“阅读过程中的一个简化模式包括在长时记忆中存储一般知识和具体知识,知识的记忆结构包括图像、网络、图式、框架等"。存储在长时记忆里的信息一般都处于非活动状态,要提取这些信息必须通过激活这一过程。这些信息一旦被激活就会变成短时记忆的一部分。激活过程需要时间,因此再现长时记忆里的信息比再现短时记忆里的信息要慢得多。长时记忆信息以有组织的状态被存储起来,组织方式有两种,即言语编码和表象编码。言语编码通过词来加工信息,按意义、语法关系、系统分类等方法将言语材料分成组块,以帮助记忆。表象编码是利用视觉、听觉、味觉和触觉形象组织材料,从而帮助记忆。依照所存储的信息类型,长时记忆还可以分为情景记忆和语义记忆(杜建政 等,2005)。短时记忆只是一个存储系统,信息在其中短暂保存,重新编码后进入长时记忆(Fernandez et al.,2011)[113]。记忆对书面理解和听力理解的处理方式有很大不同。听力理解中已经收到的信息不可被检查或复检,而书面理解中的信息可以被重新检查,因此读者在阅读文本时眼睛的移动轨迹呈非线性。要想进行有效阅读,短时记忆中的某些文本信息必须保持足够长的时间,以便进行加工并与新信息融合(Randall,2007)[154]。心理语言学家在考察词义的记忆时,主要研究词义的知识以何种方式存储在记忆中,这些知识在理解或产生话语时又以何种方式从记忆中被提取。这两个问题都和记忆对信息的处理有关。

2.3.2 阅读中的自动化加工

阅读信息处理可分为可控信息加工和自动化信息加工。读者需要有意识地利用注意力来关注和维持的认知加工称为可控信息加工;不需要有意识地分配注意力来关注和维持的认知加工称为自动化信息加工。Birch(2007)[34]认为,"读者可以将文本的加工策略有选择地、自觉或不自觉地加以运用;换言之,这些策略可以在读者的意识之下自动运作,或者因为读者对所感知东西的关注而有选择地被运用"。

阅读时读者常常收集重要信息,然后有意识地把注意力引向这些信息,这就是"有意识控制"的过程。除了"有意识控制"以外,在阅读中读者还需要加工信息,即通过"无意识筛选"将信息传入注意力。一些阅读流利者在阅读过程中能达到自动化阅读,即无需"有意识控制"就能自动完成信息输入。

读者在无意识输入信息的时候,大脑更偏爱熟悉的图形、容易辨识的线条和形状,这可能是由于认知顺序,也可能是与生俱来的能力(Ellis,2001)[172]。自动化处理对于阅读理解非常重要,因为自动化处理可以大大减少阅读认知处理的负担。

阅读信息的加工也是语言学界十分关注的话题。语言加工是系统加工（如先识别声音，再把声音组合成词，然后组词成句）还是在不同层面平行加工目前还没有定论。信息的系统加工指“在任何给定的时间点上只有一个认知过程发生，某一过程完成后才能开始下一过程”（Ellis，2001）[173]。Randall（2007）[154]提出，信息系统加工的处理模式，即信息通过感官输入，然后各种特征通过一系列记忆储存被提取出来。在系统加工中句法加工先于语义加工：大脑首先解码遵循一定规则的句法知识输入，然后再获取（表示语言理解）的语义表征；大脑使用类似的反向路径生成语言，语义生成句法，句法再产生输出的信息。然而，系统加工模式受到了平行加工模式的挑战。平行加工就是几个或全部过程同时进行的加工。平行加工是以联级加工（cascade processing）的方式进行的，在联级加工中，“较晚的任务会在较早任务尚未结束时就开始了”（艾森克 等，2009）。

基于人们对大脑结构和功能的了解，不少学者认为系统处理模式过于简单，仅凭此模式似乎很难达到阅读理解的目的。Wissman（2021）[579]认为联结主义或者分布式平行加工是语言加工和储存理论的基础，因为人脑中包含大量联结成神经网络、能同时进行无数复杂运作的神经元。这些神经元协助大脑同时而不是按先后顺序展开多个层次的活动，并通过复杂的神经网络系统将信息扩散、激活。Wei（2007）指出信息传递是通过数量庞大的神经元平行地进行运作，这些神经元将激活的信息传递至由它们所连接的网络中的节点；阅读信息处理机制通过兴奋和抑制的相互作用形成激活模式来处理像神经元一样的单位；每个神经元在被激活之后将信息传递至其他神经元，整个神经元网络的行为由初始的激活状态和神经元之间的联系来决定。平行处理模式同时在大脑的不同部位进行不同的加工处理。

信息是如何输入记忆系统，又是如何从记忆系统中输出的？这一问题的核心是探究信息通过一个还是多个通道与记忆发生作用。通道问题与信息处理模式紧密相关。如果信息只通过一个通道与记忆发生作用，那么信息的处理是系列进行的；如果信息通过多个通道与记忆发生作用，那么信息的处理是平行进行的。桂诗春（2000）[1-13]认为，“人们起初感觉信息经过一系列的阶段从感觉记忆流向长时记忆，就好像生产流水线一样，在流水线旁边有很多加工器，轮流对产品进行加工；但后来人们认为这种加工不一定是轮流进行的，加工器可以同时对产品进行处理”。信息加工在绝大多数情况下介于平行加工处理和系列加工处理之间。不过，有学者也指出，“平行加工更容易出现在高度技能化和大量熟练的任务中，而不太容易出现在初次遇到的任务中”(艾森克 等,2009)[356]。

2.4 阅读中的心理加工模型

在当代社会中,阅读是人们生存和发展所必需的社会文化技能,因此无论是在理论方面还是在实践方面,阅读问题始终是语言领域教育者关注的焦点。阅读研究一直受到包括语言学、心理学及认知科学等多个学科研究者的高度重视,但人们对阅读的了解仍然知之甚少,正如 Clarke(1980)[205]所说:“阅读在教育界得到了最为广泛的研究,然而又是最难被理解的认知过程。”阅读活动涉及多个方面,比如人与印刷符号的交互,作者与读者的交流,读者的文化背景知识、先验知识,以及语音、句法、语篇等文本因素。针对阅读这一复杂心理认知过程的研究,学界已有多个观点,较为著名的有加工说、先验知识论和迁移假说。

2.4.1 加工说

加工说主要关注阅读中的推理过程,强调在当前语言输入、语篇中先前表述的信息和读者的先验知识之间建立联系,使语篇中作者没有明确表述的信息得以激活、感知,成为连贯的结构,构建具有一定意义的情境模型。Davoudi 等人(2016)提出,一些读者之所以无法流利阅读,就是因为其阅读推理能力不足。早期研究者认为,能否有效进行阅读推理取决于读者的工作记忆,因为它能帮助读者存储相关信息,并有效加工文本内信息,从而基于知识作出推理。

近年来,随着研究工具的发展和研究手段的提高,工作记忆与学习者高级认知活动的关系得到更加深入的研究。与前期加工论者相反,后期研究者提出,阅读流利者拥有高效的抑制机制,能够排除不相关信息的干扰、节省工作记忆能量,从而有效地进行更高级别的阅读加工,即阅读推理(Gotzner et al.,2017;Mahakud,2013)。Gernsbacher(1991)的结构建造框架理论也佐证了阅读认知加工的本质是通过推理加工对被理解内容建造连贯的心理表征或结构的过程。

随后研究者将抑制理论和工作记忆能量理论有机地整合在一起。Hasher 等人(1998)认为抑制机制有两个重要的功能:阻止通达功能和清除功能。阻止通达是指限制进入工作记忆的信息,确保与当前任务直接有关的信息进入工作记忆,与当前任务无关的信息则被阻止在工作记忆之外。清除功能是指将无关的信息从工作记忆中清除出去。还有一些学者发现,抑制思想和行为的能力依赖于工作记忆能力，工作记忆能力强的个体能更好地抑制不相关的信息（Pettigrew et al., 2015）。被试工作记忆效率越高，抑制能力越强，其阅读理解效果也越好。因为抑制机制可以阻止干扰信息进入工作记忆，提升工作记忆的运行效率，从而建构连贯的心理表征。

2.4.2 先验知识论

先验知识论强调读者先验知识的储备是影响读者阅读的重要因素。Bernhardt 等人（2010）的实验发现，先验知识的作用在于它能帮助读者有效地进行基于知识的阅读推理，从而修补句子和段落之间的概念差。Anderson（1994）提出的图式理论观点也印证了这一点，他认为图式是在阅读过程中帮助读者推理和建构连贯心理表征的自上而下的知识工具，它能促进阅读顺利地进行，因为它可以让读者较快地将当前的和先前的内容连接起来，使读者更深入地理解文章，阅读也因此变得更为轻松。Hirsch（2003）则进一步证明了这一观点，他发现某个学者在阅读其熟悉领域的文章时，要比阅读不熟悉领域的文章快很多。先验知识在阅读中的重要性还表现在它与工作记忆的关系上。先验知识能够加速理解，并减少工作记忆的加工负荷（Alexander et al., 2000），具有先验知识的读者能够把多个信息融合在一起，从而节省了信息在工作记忆中占用的空间。反之，当读者的先验知识不支持心理表征的构建时，文本理解就会变得困难。例如，McNamara 等人（2006）的研究表明，当先验知识和文本信息之间存在冲突时，先验知识会阻碍读者在阅读中进行正确推理。研究还发现，与具有正确先验知识的读者相比，具有错误先验知识的读者会推导出更多无效的结论，能够回忆出的信息更少（Kendeou et al., 2007）。因此，在先验知识不足或不相容的情况下，读者可能无法识别文本中的语义联系，从而阻碍其学习的进行。

在高阶技能中，先验知识是最强的阅读理解预测因素（Gurlitt et al., 2010）。先验知识是指进行某个学习任务之前已具备的知识，通常是陈述性（事实和概念的了解）和程序性（专业技术）的结构，一些知识是明确的，另一些知识则隐秘存在于读者的脑海中，从本质上讲先验知识是动态的。根据不同的知识结构，对先验知识的评估也是多维和分层次的（Hailikari et al., 2007）。在前期调查中对先验知识的评估通常以问卷调查形式开展，询问读者对某个主题的了解。然而，并非所有先验知识类型都与读者的阅读内容相关。例如，一些学者将先验知识分为领域知识和主题知识(Tarchi,2010)。领域知识代表读者对某一学科的了解,例如历史、科学、地理。换句话说,领域知识是一个领域内知识的广度(Alexander et al.,2000)[289]。主题知识则是针对特定主题的更具体的知识,例如国家地理、消化系统等。因此,主题知识代表了某个主题的知识深度(Alexander et al.,2000)[286]。主题知识还可以与事实知识进行区分。事实知识是一种较低层次的基础知识,可以通过要求读者列举某个主题的基本概念和意义来评估(Hailikari et al.,2007)[331]。不同的先验知识对阅读理解表现的贡献不同(Tarchi,2010)[416]。

2.4.3 迁移假说

迁移假说主要讨论母语能力是否有助于二语能力的提升。根据迁移假说观点,Alderson(1984)提出了"二语阅读问题是语言问题,还是阅读问题"的思考,具体围绕阅读技能的可迁移性和迁移实现的条件展开。继而出现了有关二语阅读的两个著名假说:阅读普遍性假说和"短路"假说。阅读普遍性假说认为,母语阅读能力会迁移至二语阅读。"短路"假说认为,二语读者要能有效地将母语阅读能力迁移至二语阅读,其二语水平必须达到一个阈值,否则二语知识的缺乏会造成阅读体系"短路",这一假说也被称为语言阈值假设。

在这两个假说的框架下,研究者们进行了大量实证研究,这些研究主要围绕读者的二语水平、母语阅读能力和二语阅读能力三个变量进行。例如 Pichette 等人(2003)使用回归分析的方法,探讨上述三个变量的关系,证明了母语阅读能力和二语水平都是二语阅读的显著预测变量。之后的大部分研究也都得出了类似结论。学界对"二语阅读是语言问题,还是阅读问题"的答案也达成较为一致的看法,即二语阅读既是语言问题,又是阅读问题。当二语水平较低时,二语阅读问题更像是一个语言问题;而当二语水平较高时(即达到或者超过阈值时),二语阅读问题更像是一个阅读问题。

在探讨二语水平与母语阅读能力这两个变量对二语阅读的影响时,一个关键步骤是在操作层面对二语水平进行定义,因为经常用来构建学习者语言水平的语言交际能力框架是一个非常复杂的测试项,没有科学的操作定义就难以作出科学的评估(杨枫 等,2013)。在早期研究中,研究者在定义二语水平时都将二语词汇作为重要考察内容(吴诗玉 等,2005)。存储在学习者大脑中的词汇很大程度上能帮助其进行阅读理解,尤其是对母语为非字母语言(如汉语)的学习者来说。词汇量越大,阅读时就能使用更多的阅读策略。

Milton(2009)认为,词汇量大的读者在阅读中能更容易使用阅读策略。只有具备一定的词汇量,读者才能流利地进行二语阅读,也唯有如此方能进一步促进二语语言能力的发展。在这一思路下,研究者集中探讨了二语词汇量与阅读效果之间的关系。Laufer(1992)提出3000词族的知识就能提供足够的资源帮助读者独立理解二语阅读材料。Nation(2006)则较悲观,认为8000至9000词族的知识才是流利阅读的基础。针对这种观点上的巨大差异,如果不进行更为细致的定义会让语言学习者和教师感到无所适从。于是,Schmitt(2014)[112]提出流利阅读的关键不只在于词汇量,更应该是具体的阅读篇章中为了形成理解读者所必须掌握的词汇的占比。对此,有学者认为这个比例约为95%,还有学者则认为,这个比例应该是98%至99%(Laufer et al.,2011)。对于这种差异,Schmitt(2014)[112]对来自不同国家的661名学习者开展了一个较大规模的研究,结果发现98%的词汇覆盖率对于学术篇章阅读理解来说较为理想。

Schmitt的研究结果得到了学术界较为一致的认可,但是问题并没有就此解决。不管是学习者还是二语教师都发现,即使已经认识所阅读篇章的全部单词,或者说即使学习者二语水平远远超越了"阈值",学习者的阅读能力仍然与母语阅读能力有很大的差异,比如二语阅读速度更慢、效率更低(Papadopoulou et al.,2011)。二语句子加工和词汇习得中的概念重构则为这一问题提供了强有力的解释。二语句子加工是二语习得研究的重点,在实验心理语言学的范式下出现了很多创新性研究,如花园路径句、歧义句的研究都是解决二语习得问题的很好的尝试,其中Clahsen等人(2006)对二语学习者与母语者句子加工的异同所作的总结对于认识二语阅读障碍很有帮助。研究者对此进行了四点概括:第一,二语学习者在对不同的信息源进行融合时往往存在困难,而母语者却能快速融合词汇、篇章、韵律和结构等各种信息。这反映了二语学习者与母语者的语言加工系统存在本质性的区别,同时可能说明了二语学习者在二语加工过程中的认知局限,如工作记忆能量不足等。第二,二语学习者对目标语的理解加工比母语慢,所以在进行二语阅读时的自动化程度不够。第三,二语学习者的母语属性可能影响了他们对二语语言输入加工的方式。学习者如果将母语加工策略迁移至二语,可能影响他们的二语加工。第四,二语学习者可能只能部分地利用本族语者的语言加工机制。Ullman(2001)也发现,二语学习者在语言加工过程中主要依赖的是词汇记忆系统，而不像本族语者能够同时使用两个不同的记忆系统，即词汇记忆系统和程序记忆系统。

在一系列实验的基础上，Clahsen 等人(2006)[113]提出了二语语法加工假设，即浅层结构假说。该理论认为二语学习者在句子加工过程中更依赖词汇语义信息而不是句法信息，也就是说二语学习者对二语句子的理解要比本族语者更肤浅、更缺少细节。这也很好解释了二语的理解加工比母语更缺乏效率这一现象。

另一个研究是关于词汇习得中概念重构的难题。Jiang(2000)[416]提出的二语词汇习得模型认为，根据词汇入口的表征信息，教学环境下的词汇发展可分成 3 个阶段：第一阶段包括词形细则及指针信息的词汇入口建立；第二阶段包括词汇入口与由母语翻译过来的语义和句法信息的组合；第三阶段即除词形外的其他信息的融合。对二语学习者来说，最关键的变化发生在第二阶段，因为二语词汇习得的一个重要任务是把单词形式映射到词义上。然而此阶段常常发生难以逆转的错误，即将二语单词的语义信息直接从它的母语翻译拷贝过来，而一旦母语的语义信息进入了二语词汇入口，并且占据了词元空间，新的意义就很难再进入(Jiang，2010)[416]。大部分词语的习得也因此停留在了第二个阶段，并出现“石化”现象。实现词汇习得的概念重构是一个困难且漫长的过程。Saji 等学者(2011)研究了在中国的日本和韩国留学生在学习中文时的动词习得情况，发现日本和韩国留学生动词的使用极大地受到他们母语词汇知识的影响，而且中文词义发展到自动化水平前就停止了。这一研究的结果说明母语与外语在语义不对等的情况下，词汇习得很难进入词元空间，这进一步印证了上述词汇习得模型。因此，词汇习得过程会导致二语习得中许多问题的发生，例如二语词汇和二语概念之间联系微弱，使得二语学习者仍在用母语的概念系统进行思考；二语词汇表征中的母语语义结构会持续影响二语加工，使二语加工缺乏效率；多个二语单词映射到同一个由母语翻译过来的语义信息上会使二语学习者很难从语义上区分它们，从而导致语义使用错误。二语阅读速度慢、效率低及阅读障碍的出现与上述二语学习者词汇习得中的概念重构难题紧密相关(Jiang，2010)[416]。

迁移现象表明二语词汇及语法知识的不足会造成阅读体系障碍，但若对这一问题的认识只停留在这一层面，对二语阅读障碍的认识仍不够深入。León(2017)从认知心理的角度进一步研究了阅读技能的迁移及迁移中的阈值效应问题，结果发现二语阅读技能的迁移也是读者心理表征建构的迁移，熟练的二语读者在阅读过程中能够建造连贯的、有层次的心理结构，且这一能力与其工作记忆能力紧密相关。

2.5 语言迁移的框架理论

2.5.1 比较型框架

比较型框架源于行为主义，是语言迁移的早期理论，在二语习得领域特别是二语语法方面获得了长足发展。比较框架理论主要是在比较、分析二语学习者母语和二语之间语言差异的基础上进行预测(Lado，1964)，同时分析两种语言之间的差异所带来的“正”或“负”转移问题。当两种语言有共同的特征时会出现“正迁移”，如英语和法语(Deacon et al.，2013)；当两种语言的结构差别很大时，母语可能会发生“负转移或干扰”。例如，Johnson 等人(2021)[24]观察到，由于中文不存在冠词，母语是中文的学习者在学习英文时便难以掌握冠词的使用。总而言之，比较型框架理论强调系统地比较母语和二语语言结构的差异，并探究两种语言的相似和不同对二语学习产生的影响。

比较型框架存在的问题是并非所有语言上的错误都可以归类为“正”或者“负”。Selinker(2009)提出二语学习者的语言系统在发展中不但受到母语迁移的影响，也受到二语对比的干扰。Genesee 等人(2004)也认为，从迁移、发展和跨语言影响的角度来思考可以更好地理解儿童在学习二语过程中所犯的语言错误。在二语习得早期，受到母语影响的负转移错误可能更明显，而随着语言能力的提升，跨语言的影响会更明显。

2.5.2 相互依存假说

在语言迁移中非常有影响力的理论框架是相互依存假说(Cummins，1979)。相互依存假说指出，如果对 X 的教学能够有效地促进 X 的熟练度，当 X 有机会接触到 Y(在学校或其他环境中)或者有学习 Y 的动机时，X 就会将这种熟练程度转移到 Y。在这个假说中，母语的熟练程度可以转移至二语，并促进二语的学习。然而，这种转移依赖于学习者较强的母语能力以及足够的二语语言能力(Cummins，2012)。相互依存假说强调了认知和概念的不同要求及知识的重要性，为语言迁移能够促进学术任务(如阅读理解)的完成提供了重要的理论依据。

相互依存假说在二语知识发展研究方面发挥了重要作用，但它因缺乏具体的解释性内容而受到批评(Genesee et al.,2006)。Genesee 等人(2006)认为，相互依存假说有助于解释“程序性”知识，这些知识对于认知要求高的学术任务(元认知和理解监测策略的应用)至关重要，但对于特定技能却无能为力，因为并非母语的所有方面都有利于二语的发展，跨语言迁移只有在知识共享时才能发生。

2.5.3 共同潜在认知框架

虽然相互依存假说解释了母语和二语中变量(例如，单词阅读)之间的关联，但这些变量背后的确切因果关系尚未具体说明。为此，研究人员进一步探讨了母语中特定语言和识字技能在多大程度上也支持二语中的并行技能(Jared et al., 2013)。根据共同潜在认知框架，母语和二语中较低级别并行任务之间的相关性(例如，解码准确性和流畅性)并不一定意味着在母语语境中获得的技能能够迁移到二语中，而共享的认知过程才是迁移的基础。一般的认知处理技能，如工作记忆、语音意识和快速自动化命名，被认为是一个人的基础认知构成，不会轻易受到人为操纵。在一定程度上，这些基础认知功能能够解释两种语言中高阶认知之间的相关性。共同的潜在认知框架指出，母语和二语中阅读技能的个体差异可以通过一组共同的潜在认知结构来预测。

2.5.4 转移促进模型

转移促进模型可以解释在一种语言中发展的元语言技能，如音素意识、形态意识如何有助于另一种语言阅读技能的发展(Koda,2008)[82]。根据 Koda(2008)[82]的理论，转移是“由第二语言输入触发第一语言能力的自动激活”，是非自愿和非选择性的。也就是说，无论学习者有何意图，转移都会发生，并且不容易控制。Koda(2008)[82]认为转移是一个动态的过程，即在第二语言的刺激下，个体的母语能力能直接、自动化被激活。转移促进模型提出了三个关键假设：第一，母语能力要能向二语转移，必须用母语对要转移的能力进行充分训练以达到自动化的程度；第二，在二语发展的过程中，转移会一直发生；第三，转移的能力在二语发展中不断成熟。

Koda(2008)[82]认为，在母语中发展的元语言技能是跨模态的，即从母语的口语发展至二语的阅读。换句话说，所调查的转移技能是口头语言形式的，而受影响的能力则是书面形式的，元语言技能在两种不同的语言形式中运作。实证研究中有很多的证据支持转移促进模型,例如母语中音素意识任务预测了二语中的单词阅读技能,而且这种转移不仅发生在类型相似的两种语言中,例如英语和法语(Comeau et al.,1999),也发生在类型不同的两种语言中,例如英语和汉语(Wang et al.,2019)。

转移促进模型也有其局限性。转移的概念被简化为母语元语言技能,但这些技能在母语中已经实现了自动化,因此转移是必然的。近年来研究者们发现母语元语言技能的自动化可能不是转移中必需的技能(Chung et al.,2017;Pasquarella et al.,2015)。

2.6 二语阅读中的母语思维

在外语学习与教学中,许多人认为学习者应该尽可能地用目标语思维进行学习,像翻译这样转换成母语来处理的方法会对语言学习带来不利影响。但是 Cohen 等人(2011)认为这只是一个"基于直觉的假设",而且已有研究表明,像心智翻译等转换成一语的处理方法在外语写作(王文宇 等,2002)和外语阅读(Hawras,2015)中的确能帮助学习者解决写作和阅读中的难题,提高其写作和阅读理解水平。

Vygotsky 提出的社会文化理论在二语学习中发挥着非常重要的作用,包括内部言语、最佳发展区(ZPD)、中介理论、脚手架理论、内化理论和内部语言等。他引入了语言学习互动的概念,强调社会文化扮演的角色,为二语学习问题提供了一些解决方案,因此社会文化理论对二语的学习和教学产生了很大影响。

Vygotsky(1987)提出,思维和语言不能被当作"两个互不相关,要么平行,要么在某一点相交并且机械地相互影响的过程",相反,思维和语言应该被看作是相互作用的。没有语言,更高一级的思维活动不可能实现。他注意到,一个词的意思是思维和语言的密切结合,以至于不可能把意思仅仅归为要么是思维要么是语言的产物,而应该把它看作是二者"联姻"的结果。他提出"内部言语"(private speech)的概念,对个人来说这是一种内化的语言,与跟别人交流的社会性的外部言语相对。社会文化理论把内部言语作为思维的基础,因此母语可以非常自然地作为思维的工具帮助学习者思考所读二语文章的结构、内容,理解其意义(Lantolf,2000)。

社会文化理论中的另一个著名观点是最佳发展区,该观点认为学生有两种学习水平:一种是学生的现有水平,指独立活动时所能达到的解决问题的水平;另一种是学生可能的发展水平,也就是通过教学所获得的潜力,即在"交互作用的空间里,学习者通过获得帮助,能够执行一项超过他目前水平的任务"(Ohta,2000)。

因此外语学习者借助母语的帮助能阅读超出他们目前水平的文章。与 Vygotsky 提出的内部言语相关的一个概念是“心智翻译”(Kern,1994),即“在阅读二语材料的过程中对二语单词、短语或者句子用母语形式进行的心理加工”。Kern 的研究表明,学习者经常使用翻译作为策略来理解阅读材料,并且“在二语阅读过程中的心智翻译可以有利于产生和保留意义”。他还发现二语阅读者经常使用心智翻译来对理解过程中的特定困难(比如对不熟悉的词语和结构等)作出反应。Hawras (1996)的重复性实验支持了 Kern 的结论,并认为对初级语言学习者来说,“心智翻译是主要的并且是学生唯一能支配的理解工具”。这个观点强调了母语对二语早期习得阶段的重要性。

Cook(1992)进一步论证了所有二语学习者都会让自己的母语介入二语学习:“二语学习者在学习二语的时候不能有效脱离自己的母语,而是时不时地将母语作为可以利用的资源。”他还认为教师在教授学生的时候,不应该把二语与母语隔绝开来,而且这事实上也做不到,因为不管教师愿不愿意,母语总是存在于二语学习者的心里,在他们心里形成的二语知识以各种形式与母语知识有着千丝万缕的联系,这是一种客观存在,不会以教师或者学习者的意志为转移。

Cohen(1995)对会多种语言的大学生进行过一次调查,探索影响思维语言的因素。他发现掌握多门外语的人的思维会常常在这些语言之间发生转换,而且这些转换可能是无意的(如用某种语言思维要比用另一种更容易,因此大脑自动转换),也可能是有意的(如用另外一种语言来帮助理解目标语的语法或者词汇)。Ullman(1998)利用有声思维的方法调查了 11 名在美国大学学习的日本学生阅读一篇英语说明文时的情况。他的研究表明,许多二语读者并不仅仅是用母语进行心智翻译,他们也会直接用母语来思考或者帮助理解正在阅读的二语材料。

2.7 二语阅读的语言阈值假设

在二语阅读领域里,关于母语和二语阅读的关系有两个重要的理论假设——语言相互依赖假设和语言阈值假设。语言相互依赖假设就是母语阅读能力会迁移到二语阅读。学习者在母语里习得的认知和读写技能会成为潜在的、共享的能力,能够自然地迁移到二语阅读。母语阅读能力强的学习者,其在二语阅读中也能有较好表现(Cziko,1980)[112]。

语言阈值假设则否定了母语“自然迁移”的理论，认为认知能力共享具有先决条件，即学习者如果要能受益于在母语中所习得的认知和读写技能，其二语水平必先达到一定程度，即越过“门槛”，否则有限的二语知识将造成其二语阅读体系的“短路”(Bernhardt et al.,1995)[16]。围绕上述假说，一些实证研究探讨了二语阅读与其两大关键预测变量(二语水平和母语阅读能力)之间的关系。这些研究为语言阈值假设提供了大量的实证证据，得出的重要结论是二语水平与母语阅读能力都是二语阅读的显著预测变量，但是它们对二语阅读的影响是一个动态的发展过程：当学习者的二语水平较低时，二语阅读主要是一个“语言问题”，此时母语阅读与二语阅读之间不存在任何系统的关系；而当学习者的二语水平越过一定阈值达到较高程度时，二语阅读主要是一个“阅读问题”，即学习者的母语阅读能力与二语阅读显著相关，并成为其主要预测变量(Yamashita,2002;Pichette et al.,2003)。

实证研究也印证了上述“阈值效应”(Hulstijn,2011)，这些研究通常集中调查母语识字技能对二语识字技能的预测能力，适用于不同二语水平的学习者(Yamashita,2001)。例如 Yamashita(2002)[86]对母语识字率、二语识字率和二语语言能力之间的关系进行了相关性和多元回归分析。分析结果显示，对于二语水平较高的学习者来说，母语能力有助于二语水平的提高，这证明了阈值效应的存在(Lee et al.,1997)[724]。

Brisbois(1995)[27]研究了美国空军学院将法语作为第二语言学习的成年学生的阈值效应。研究者发现，与参加初级课程的学生相比，参加高级课程的学生母语的识字技能对二语阅读的贡献是初级课程学生的两倍。Lee 等人(1997)[724]将一些韩国高中生根据其英语水平分为五组。研究结果表明，在排名前三的组中，学生的母语阅读能力和二语阅读能力之间存在显著关系。相比之下，排名最后的两个组中母语阅读能力和二语阅读能力之间没有显著关系。这些研究也为阈值效应提供了证据。

Yamashita(2002)将二语能力概念化为语法和词汇知识，提出了“补偿促进”效应，即阅读者如果具有较高的母语阅读技能，在阅读中他们可以以此来弥补较低的二语知识能力。同样，高水平的二语能力也能弥补低水平的母语能力。研究者还发现，二语的语言能力是实现二语高水平阅读的主要因素，如果没有二语语言能力的坚实基础，实现高水平二语阅读理解是非常困难的。

2.8 二语阅读的理论模型

从阅读的心理认知过程来看，理解是通过构建对所理解内容的连贯心理表征来实现的，当读者心理表征是连贯的，并能准确地抓住文本的意思，理解就成功了。针对这一心理认知过程有 3 个较为著名的理论模型，分别是建构整合模型(Kintsch，1988)、阅读全景模型(Broek et al.，1996)和结构建造框架(Gernsbacher，1990)。

根据建构整合模型，篇章理解包括建构和整合两个过程。在建构过程里，低层次的加工(如正字法分析、单词检索和语法解析等)能帮助读者把当前的文本块分解成意义单元，这一过程被称为"命题"(Kintsch，1998)[164]。这些命题被组织成相互连接的网络，但是由于在建构过程中，与文本相关联的所有元素都会被包括进来，因此这个命题网络是粗糙甚至矛盾的。在接下来的整合过程，这个粗糙、不连贯的命题网络得到修正，此时，与上下文相一致的命题激活会得到强化，而不相关、不正确的命题激活会被抑制。在每一个建构整合的循环里，高度激活的成分在有限的工作记忆中保留下来，以便进一步加工。这个过程持续进行，最终得以构建对文本的连贯、长久的记忆表征(Kintsch，1998)[167]。

阅读全景模型模拟了在阅读时概念的激活模式，以及激活的模式对读者构建稳定记忆表征的影响。这一模型认为，在文本中某一特定概念的激活有 3 个主要方式：①刚读到的文本片段中被明确提及并与之具有强关联的概念会被自然地激活；②刚读完的文本片段中一些重要概念的激活能够维持一段时间；③若当前激活的信息无法提供指称或者因果连贯时，先前的信息或者读者的背景知识则可能被复原，以实现指称或因果连贯。前两个方式是自动化的，而后一个方式则需要消耗注意资源。总体来看，随着阅读过程的进行，概念的激活呈波动状，即从增加到保持相对稳定再到减少、消失。

结构建造框架则提出，读者通过奠基、映射和转移这 3 个认知过程及强化和抑制这两个认知机制来构建对所阅读文本的连贯心理表征。奠基是指在阅读的最开端，语言的第一个成分(如第一个单词或者故事里的第一句话、第一个提及的人物等)为读者的理解过程奠定了基础的心理结构。映射则把后续相关联的信息投射到正在建造的心理结构上，使其不断发展。然而，如果后续信息与正在建造的心理结构关联较弱或不相关联，第三个认知过程就会发生，即在转移过程中后续信息不再被映射到正在发展的心理结构上，而是转而建立一个新的子结构。上述 3 个认知过程受强化和抑制驱动。它们通过调节概念的激活来管理读者心理表征的建造过程:强化机制增强相关概念的激活,而抑制机制则减少不相关概念的激活。

上述理论模型都对读者如何构建对所理解内容的连贯心理表征作了具体描述,强调了概念激活与心理表征建构过程的关系。然而,建构整合模型和阅读全景模型强调概念的激活,而 Gernsbacher 的结构建造框架理论则明确提出概念激活是通过强化和抑制两个通用的认知机制实现的。Gernsbacher 等人(1991)[430]还发现,抑制机制是结构建造框架的中心,它可以为理解个体差异提供解释。

2.9 文本理解

文本理解是一个复杂的认知心理过程,包括建构书面材料中单词和短语的意义,厘清文本内信息和读者先验知识之间的关系(Dascalu et al.,2015)。读者的先验知识对文本理解起着重要的作用,如单词知识既帮助解码,又有助于理解加工(Perfetti,2007)。但是,文本理解不能局限于理解文本里作者明晰表述的内容,还必须包括文内隐含信息,即作者假定读者能够推理出来而未明确表述的内容(Davoudi,2005)[434]。读者的思维超越文本里明确信息的范围,运用已有知识对文本的隐含意义进行理解就是阅读推理过程。

推理是文本理解中重要的加工活动,它将当前语言输入与语篇中先前表述的信息及读者的先验知识建立联系,使语篇中作者没有明确表述的信息得以激活,从而使语篇成为连贯的结构(情境模型),被赋予一定的意义。因此,推理被称为理解过程的核心(Cottrell et al.,2019),是流利阅读的关键(Davoudi,2005)[433]。

并非所有读者都具有良好的推理能力。关于影响推理能力的因素,学界有 4 个理论较为著名:①工作记忆能量论;②抑制机制;③更新与转换理论;④策略知识论。

2.9.1 工作记忆能量论

Baddeley(2000)提出,工作记忆指的是一种系统,它为复杂的任务(比如言语理解、学习和推理等)提供临时的储存空间和加工时所必需的信息。从 20 世纪 70 年代开始,研究者不断发现工作记忆的重要作用,特别是在文本理解研究领域。Just 等人(1992)[124]提出“能量受限理解理论”,强调个体理解能力受工作记忆资源限制,工作记忆资源的个体差异导致理解的个体差异。Daneman 等人(1980)[466]最早区分了工作记忆储存和加工的双重功能,指出有限的系统资源必须为这两项任务同时提供“燃料”。这意味着在文本理解过程中，工作记忆系统既要储存输入的信息，又要同时在加工过程中传输语义、激活信息等。这样，当工作记忆能量太小而无法满足这两项任务要求的时候，理解就会出现问题。

Daneman 等人(1980)[460]设计了一个复杂的阅读广度测试任务来研究工作记忆能量对文本理解的影响。测试要求被试大声朗读一系列句子组，然后回忆这些句子的末尾词。研究者以两个句子为一组进行测试，然后不断增加句子的数量，直到被试无法正确回忆出每句的末尾词为止。研究者将被试的加工与储存能力相结合，计算出阅读广度值，紧接着再考查被试的阅读理解能力。实验结果发现，阅读广度与阅读理解之间存在显著的正相关关系。同时，在考查阅读广度和读者理解代词与其指代名词关系的表现时，研究者发现当代词与它的指代名词之间只隔 2 至 3 个句子时，被试表现良好。当间隔较远时，被试的表现就呈现出个体差异：阅读广度测试表现不佳的读者，在理解代词与其指代名词之间的关系时也表现较差。Daneman 等人(1980)[466]认为，这是因为阅读广度小的个体工作记忆能量也小，这使得他们很难理解间隔较远的代词指代的对象。在 Daneman 等人的研究之后，很多研究者围绕工作记忆与文本理解的关系提出了相似的能量导向理论(Engle et al., 1992)。如 Kintsch(1998)[165]认为工作记忆可以同时保持多个文本命题的激活并使它们综合；Perfetti(2008)认为工作记忆是将单词组织成命题，命题又组成更大的意义单位，读者对这些命题进行意义综合以实现理解。围绕这些理论，研究者还进行了大量的实证研究。Daneman 等人(1980)[466]发现，工作记忆与语言能力的相关系数通常在 0.30 和 0.60 之间，阅读能力更强的读者展现出更高的信息储存和加工水平。Yuill 等人(2011)的研究表明，当文本语义内容不紧凑、前后不衔接时，记忆能量较大的读者更容易发现这种不一致，并能较好地整合文本所有信息、概括文本主题思想；相反，记忆能量较小的读者通常表现糟糕。概括来说，工作记忆能量的差别从根本上导致了文本理解的个体差异。

2.9.2 抑制机制

与 Just 等人的观点相反，许多研究者并不认为读者阅读熟练是因为其工作记忆容纳了较多的信息，他们提出，在阅读时进入熟练读者工作记忆的信息较少，因为他们拥有高效的抑制、更新和转换机制，这些机制能帮助其有效抑制不相关信息的干扰，同时保留相关的信息(Rosen et al.,1998；Traxler et al.,2006)。

Gernsbacher 和他的团队通过实验研究不同理解水平的人在抑制任务中表现出的个体差异(杨小虎 等,2005)。被试按阅读水平分为两组,先理解启动句,然后对探测词进行判断。在实验条件下,启动句的末尾是同形异义词,目标探测词与该词某个意义相关,但并不与启动句的意义相关,如"Jack planted trees with the spade-ace(扑克牌里的黑桃 A).";在控制条件下,探测词与启动句不相关,如"Jack planted trees with the shovel-ace."。实验结果显示,与控制条件相比,被试如果在实验条件下判断探测词花费的时间更长,说明同形异义词无关词义的激活量大,也就是说被试的抑制能力较差。研究者测试了被试在阅读完启动句后 100 毫秒、850 毫秒时出现探测词的反应时,结果发现,所有被试在刚读完同形异义词后(即 100 毫秒)都激活了这些词的无关意义,被试间并没有明显差异。然而,短暂延迟后(即 850 毫秒),阅读理解水平较高的被试没有继续激活这些词的无关意义,而阅读理解水平较低的被试对无关意义的激活仍然保持与阅读后 100 毫秒时几乎同等的水平。可见,同形异义词的多种词义一开始都被激活,但抑制机制阻止了无关意义的继续激活。这也说明阅读理解水平低的被试抑制能力也较低。Gernsbacher 等人(1991)[217-263]提出,是抑制而非强化机制导致了理解能力的个体差异。

研究者通过实验进一步证实了抑制机制对二语文本理解的影响。这些影响主要来自两个方面:①高效的抑制机制通过控制对干扰信息的加工帮助读者在阅读文本时建构连贯的心理表征;②母语阅读能力会迁移到二语阅读,但是阅读技能的迁移与读者对文本的心理表征建构联系紧密,而抑制机制作为心理表征建构的中心,自然对阅读技能的迁移发挥重要作用。

有些研究者将抑制理论和工作记忆能量理论有机地整合在一起(杨小虎 等,2005)。比如 Long 等人(1999)发现抑制机制的运行是具有策略性且受控制的过程,该过程可能受到其他因素的影响,如注意资源总量限制或资源分配方式。Rosen 等人(1998)专门研究了抑制机制与工作记忆的关系。他们发现,抑制思想和行为的能力依赖于工作记忆能力,工作记忆能力强的个体能更好地抑制不相关的信息。De Beni 等人(2000)则发现,被试抑制能力越强,工作记忆效率就越高,其阅读理解效果也越好。因为抑制机制可以阻止干扰信息进入工作记忆,促进工作记忆的运行效率以建构连贯的心理表征。Hasher 等人(1988)[198]则认为抑制机制有阻止通达和清除两个重要的功能。可见,工作记忆理论和抑制机制理论都是在探讨能量及其分配与文本理解的关系,统称为能量论。

Hasher 等人(1988)[198]提出抑制功能有访问、限制和删除 3 个作用。抑制可以将工作记忆的访问限制为仅与任务相关的信息,从而对与任务不相关的信息首先进行干扰。如果信息在工作记忆中变得不相关,抑制功能将从工作记忆缓冲区中删除不相关的信息,从而使相关信息占主导地位。De Magistri 等人(2014)认为,抑制功能与阅读理解密切相关。为了证明这一点,研究者向被试提供缺少最后一个单词的句子来评估其抑制功能是否启动,研究结果证明了上述观点。De Magistri 还发现,与技能较低的阅读者相比,熟练的阅读者删除不相关的信息用时更少。此外,17 至 18 岁的青少年比 13 至 14 岁的青少年更擅长访问相关词汇内容和抑制不相关信息,从而减少错误的产生。

McVay 等人(2012)发现注意力控制对阅读理解没有显著贡献,但研究者指出,当阅读过程中出现信息竞争时,例如遇到模棱两可的同音异义词或同形异义词,读者的注意力可能会转移。熟练的阅读者能较为轻松地抑制阅读中注意力不集中的影响(例如,激活与任务无关的信息),而技能较低的阅读者没有这样的能力,这导致更多不相关的信息争夺其有限的注意力。

但是,有关抑制论的观点都受到了一些研究者的质疑。Chipere(2003)提出,阅读者之所以在阅读技能或者在阅读广度测试任务中表现更佳,是因为他们能更有效地提取长时记忆里的信息或已有的背景知识,这也使其更有效地作出基于背景知识的阅读推理。另外,长时工作记忆能忽略工作记忆加工的限制,因为阅读者在特定领域里的经验能够强化知识结构和信息提取策略。Gernsbacher 等人(1991)[219]认为熟练的阅读者拥有高效的抑制机制,能有效抑制无关信息的干扰,但 McNamara 等人(2006)指出,这一结论完全可以理解为熟练的阅读者在背景知识的基础上强化了对相关信息的理解,而非抑制了无关信息的加工,例如具有篮球知识的读者在理解有关篮球话题的文本时总是表现更佳。所以,当读者具有一定背景知识时,与之相关的单词的意义就会得到强化,而无关意义自然失去作用。总而言之,抑制功能可以帮助读者在阅读中调节信息的激活,即帮助读者主动抑制来自话语情境中的不相关信息,以防止其干扰理解,同时防止工作记忆系统因不相关的信息过多而负担过重。

2.9.3 更新与转换理论

更新对于阅读理解很重要,因为读者在阅读中需要排除不相关的信息,同时需要保留相关的信息,以成功实现文本构建的连贯性(Carretti et al.,2005)。在早期关于阅读更新处理的研究中，Palladino 等人(2001)发现，更新与阅读理解密切相关，更新可以调节工作记忆中信息激活的潜在机能。Palladino 在实验中将被试分为熟练和不熟练的阅读者，要求被试从听力测试中回忆最后 4 个单词。结果显示，熟练阅读者的表现优于不熟练的阅读者。但研究者承认，这一发现也可能是由于“就近效应”。为了解决这个问题，他们在第二个实验中使用了判断形状大小的任务，该任务不需要高水平的语义处理，可以减轻“就近”影响。被试需要更新信息，回忆出最后看到的 3 至 5 个最小的图形。与熟练的阅读者相比，不熟练的阅读者仍然表现不佳，其回忆率更低且错误更多。这些结果表明，不熟练的阅读者存在信息更新困难。

更新的关键是工作记忆中相关信息的维护，保留在工作记忆中的相关信息如果不能及时更新，可能会造成阅读障碍。Carretti 等人(2005)[49]将更新任务中发生的错误分为立即更新错误和延迟更新错误两种类型。立即更新错误是指由于不满足更新条件而可以立即排除的信息；延迟更新错误是指由于暂时满足更新条件而无法立即排除的信息。在比较熟练阅读者和不熟练阅读者的错误时，研究者发现不熟练的阅读者犯了更多延迟更新错误。研究者得出结论，对于不熟练的阅读者来说，阅读核心问题是难以控制工作记忆中激活的信息。

因此，更新能力欠缺会使阅读理解效果欠佳，这主要是因为更新能力欠缺的读者难以调节相关信息的激活，这与工作记忆中存在大量无效信息有关。更新能力是信息抑制的一个重要指标，García-Madruga 等人(2014)也发现，更新能力可以作为预测阅读理解的重要因素，因此阅读测试应包括推断文本信息和整合先前知识。

虽然上述调查表明更新和阅读理解之间存在明显的预测关系，但 Muijselaar 等人(2015)发现，当使用单词更新任务进行测试时，更新并不能预测阅读。在词汇知识和言语短时记忆得到控制后，这种情况仍然存在。研究者解释说，导致这一结果产生的部分原因可能是更新作为单独的测试时，其要求和在阅读中的要求有很大不同。具体来说，阅读过程中的更新要求远比更新任务中的要求复杂得多。例如，与文本中的信息相比，更新任务中包含的信息相对受限。理解文本涉及工作记忆和长时记忆复杂的相互作用，而更新任务则不需要这种相互作用。简而言之，更新任务的要求不一定反映实际阅读文本的更新要求，因此更新与阅读理解之间关系并不明确。

此外,阅读过程中的更新还受到领域一般性和领域特殊性的影响。领域一般性是指储存和加工都不同程度地影响更新(Carretti et al.,2005)[49]。研究者发现,同时利用储存和加工的任务比单一的储存任务更能预测阅读理解。这表明对于阅读理解中的更新而言,工作记忆的加工功能比储存功能更为关键。这也说明阅读过程中的有效更新不单是在工作记忆中保存尽可能多的信息(Palladino et al.,2001),更是不断选择和更新工作记忆内容的问题。

有证据表明,更新任务可以区分言语任务中熟练和不熟练的阅读者(Pelegnina et al.,2015),但视觉空间任务则不然(Pimperton et al.,2010)[380-391],这说明更新功能及工作记忆可能具有领域特殊性,仅存在于言语领域。同样,Pimperton 等人(2010)[387]发现,阅读能力较弱者在单词更新任务上的表现比在数字更新任务上的表现差,因此,语义和定量更新任务可能需要一些不同的更新过程,支持了"更新差异可能部分归因于领域特殊性"的观点。

值得注意的是,更新可能并不涉及所有阅读理解情况。例如,Potocki 等人(2016)发现,在五年级学生的 n-back 任务中,更新可以预测阅读中的推理成绩,而不只是字面理解(例如简单回忆)成绩。因此,研究者认为,工作记忆中的执行功能(特别是更新、计划和抑制等)更多涉及复杂的阅读情况,例如更新在说明性文本中的作用大于在叙事文本中的作用。

与更新相比,有关功能转换与阅读理解之间关系的研究相对较少,但一些研究也阐述了转换对阅读理解的贡献(Yeniad et al.,2013)。转换通常是指在多个任务之间相互切换的能力(Monsell,1996)。转换也被称为"注意力转换"和"任务转换",广义上也可理解为"认知灵活性"。

转换或认知灵活性能力与阅读理解的关系体现在两个方面。一个是语音-语义转换,例如有文献表明,在认知能力和年龄得到控制的情况下,语义和语音之间的转换是阅读理解中的重要预测因素(Guajardo et al.,2016)[28]。另一个是认知转换。有研究者要求儿童根据单词的声音和含义对单词进行排序,他们发现,认知灵活性允许读者同时考虑文本的多个方面,从而支持理解(Guajardo et al.,2016)[30]。相比之下,认知不灵活可能造成阅读理解障碍(Zelazo et al.,2016),使读者无法掌握文本的整体含义(Cartwright et al.,2010)[69]。

虽然上述研究表明转换或者认知灵活性与阅读理解有关,但其运作机制仍不清楚(Cartwright et al.,2010)[63]。具体来说,如果读者只关注语义信息,不关注文本的语音特征，那么对作为理解基础的语义知识的运用也受到限制。

对于转换和阅读理解之间的关系，有研究者认为转换涉及更高层次的阅读理解要求。Kieffer 等人(2013)使用威斯康星州卡片排列任务来测试读者的转换能力，该任务要求被试从反馈中推断出不断变化的卡片分类标准。研究者发现，转换能力直接影响阅读理解。语言理解需要读者在自下而上和自上而下的信息与一般先验知识中进行协调(Kendeou et al.,2016)，所以读者使用这些信息可能会对注意力转换技能要求更高。

2.9.4 策略知识论

读者具备的知识对文本理解具有极其重要的作用，然而有研究表明，仅仅具备知识不足以支持读者完成文本理解，这些知识还必须被策略性地加以利用，因为知识的激活可以是自动的，但在大多数情况中必须是积极、有意图的。读者的知识还可能保持在无活动状态，比如读者没有意识到知识的可利用性，或者在运用知识时存在困难。因此，培养读者学会策略性地使用知识能有效提高他们的理解能力。研究表明，熟练的读者总是能更加积极、更有策略性地使用知识(Long et al.,1999)[282]，尤其在碰到较难的阅读材料时，读者更需要策略性地使用和激活知识(McNamara et al.,2001)。Cottrell 等人(2019)在一个实验里发现，知识与阅读技能都对理解能力有显著的贡献，但是对于会使用阅读策略的学生来说，知识的贡献更大；具有知识但策略性较差的学生不能有效运用知识，因而阅读中会出现理解偏差。

当前主要有两大系列的研究证明阅读策略能使得读者更好地克服先验知识方面的缺陷。一系列研究表明，熟练的读者拥有更多的元认知知识(Wong,2015)，并因此在阅读时能更好地运用阅读策略(Long et al.,1999)[290]；相反，不熟练的读者要么缺少关于策略的知识，要么在阅读中主要应用自下而上的策略(Carrell et al.,1988)。另一系列研究表明，训练不熟练和缺乏先验知识的读者进行阅读推理并积极地使用阅读策略能使他们的理解能力得到提升。Cottrell 等人(2019)[49]训练读者更积极、策略性更强地使用知识，结果发现，读者的阅读理解能力得到显著提高。他们的研究还表明，读者只要能知道如何和何时作出推理，就能极快地提高文本的理解能力。

研究者当前主要应用两种策略培训方法来探究策略性地运用知识与理解能力之间的关系。第一种方法训练读者在阅读中进行提问的能力，让读者提出更多质量更高的问题。比如，Beck 等人(1997)试验了一种让读者在阅读中质疑作者的方法，教授读者仅将作者当作表达观点的人，而不是没有错误的权威，目的是将阅读从被动的信息接收过程转变为积极的意义构建过程。Grabe(2015)在一个实验中使用动态会话仿真图的方法示范在阅读中如何提出有助于理解的深层推理性问题，从而提高学生的阅读理解能力。研究结果显示，读者经过训练后，其理解和记忆力得以提升。

策略培训的第二种方法是提高读者元认知和深层加工能力。学习者的元认知知识包括思考学习过程、规划学习、监控学习任务以及评估学到了多少知识(Chamot et al.,1989)。Pintrich(1999)构建了阅读中的策略框架，包括规划、监控和调节。规划是指设定学习目标，即在阅读前略读文本并提出问题的过程。监控是指学习中的自我调节，包括在阅读文本时的注意力跟踪，通过对文本提出问题进行自我测试以确保更好理解文本。调节包括提出问题以监控学生的阅读理解、放慢阅读文本的节奏、复习评估材料及推迟寻找问题答案。基于这一框架，Chen(2006)认为使用元认知知识进行有效的二语阅读理解有助于发展学习者的二语能力。Palincsar 等人(1985)还提出了阅读教学的“交互教学法”，这一方法包括 4 个阅读策略：①误解澄清策略；②文中段落等的主题思想识别策略；③内容概括策略；④后文内容预测策略。教师首先对策略进行示范，然后邀请学习者进行演示，最后对学习者的活动给予反馈。相应地，学习者相互进行训练和示范。培训结束后进行的理解测试的结果表明，接受了策略培训的读者，其理解能力得到显著提高。Bereiter 等人(1985)还研究了重述、重读、关系构建和问题重述这 4 个修补策略培训的效果。研究结果同样表明，学生可以从发现理解问题和选择修补策略的理解监控活动中受益。

策略知识论表明，利用阅读策略可以改变学习者的阅读行为并修复阅读理解缺陷，从而增强二语的阅读理解(Yang,2004)，这些都涉及与回忆和阅读有关的先验知识，例如个人经验、学术背景或者主题知识(Barnett,1998)。换句话说，读者可以从阅读的单词、句子或语篇中获得隐性或者显性的主题知识来预测和推断文本的含义(Anderson,1999)。只有当读者激活了他们的先验知识，将其作为阅读理解的桥梁，阅读才有可能完成。Birch(2014)在实验中也证实了学习者的语言能力与他们在二语中先验知识的激活都是影响阅读的因素。二语学习者如果不能熟练地使用阅读策略，其深层次的阅读加工一定会受到影响。

第3章

语言中的抑制机制

语篇理解离不开抑制。抑制是大脑的一种重要功能，调节着人的认知和行为。抑制也是语言理解过程中不可缺少的重要加工机制。

3.1 语言理解中抑制机制的定义和分类

Bjorklund 等人(1995)[28]将抑制定义为一种基本的认知压抑，它阻止与任务无关的信息进入工作记忆，或将无关信息从工作记忆中排除出去，从而帮助任务的执行。Hasher 等人(1999)[197]认为抑制负责监控进入工作记忆的信息，并根据当前加工的要求编辑工作记忆的内容。而 Gernsbacher(1991)所说的抑制是指一种积极降低已激活但与当前任务无关的信息量的加工过程，这一过程包括自动加工和控制加工。总之，抑制是指阻止无关信息进入工作记忆、使无关信息在总体上不损害认知加工的一种主动压抑过程。抑制受损将导致无关信息的激活、保持与提取，从而影响工作记忆对有关信息进行加工。关于抑制的分类方法有很多，根据加工的目的性或意识的参与程度可以将抑制分为自动抑制(automatic inhibition)与有意识抑制(intentional inhibition)两类。自动抑制是一种自动发生在潜意识的加工，例如当多义词出现不符合语境的含义时而出现的自发的抑制。有意识抑制是指根据任务要求有意识地进行抑制，例如指向性遗忘(directed forgetting)等。自动抑制也需要注意的参与。

3.2 抑制机制的相关理论模型

资源限制模型提出认知加工的资源是有限且固定的，并不随年龄的增长而增加，认知加工能力的提高主要在于加工效率的提高。加工效率包括操作效率和抑制效率，其中抑制效率主要体现在主体对工作记忆的控制上，控制无关信息进入工作记忆的能力影响着主体在认知任务上的表现（Bjorklund et al.，1995）[150]。儿童的抑制能力比较弱，随着年龄的增长，其抑制能力不断增强。资源限制模型的重点在于解释个体抑制能力的差异取决于心理容量，主张在不同的年龄阶段个体的心理容量不同。个体差异还表现在心理容量运用的有效性上，即操作效率和抑制效率，二者都随年龄的增长而提高。

抑制下降理论认为，抑制功能主要在于通过控制工作记忆来防止无关信息进入工作记忆干扰有关信息的加工，以及防止那些不再相关的信息继续留在工作记忆中，这两种抑制机制影响着相关信息的编码和提取。随着个体的年龄增长，这两种抑制机制的效率逐渐下降，干扰因素也就更容易进入工作记忆，减少其有效工作容量，降低工作容量的活动效率，从而导致认知能力下降（Hasher et al.，1999）[198]。Hasher 等人（1999）[198]改进了这一理论，将抑制描述为一种心理加工，其本质是抵制无关信息潜在的干扰以对相关信息构建连贯的心理表征，并将抑制功能概括为通达、删除和限制。通达功能负责激活相关信息，限制工作记忆中参与认知表征的信息流；删除功能负责从工作记忆中排除无关信息，包括先前有关但之后无关的信息；限制功能则在认知系统认识到反应的相关性和适合性之前，有效地控制反应的执行。三种功能共同作用来协调最新的任务要求和工作记忆中的认知表征，并对行为反应加以控制。

干扰敏感性模型关注的是抵制干扰。Friedman 等人（2004）将抵制干扰定义为"在执行一个计划时忽视或者抑制无关信息的能力"，并将其视为对理解认知发展起到根本性作用的基本加工过程。该理论提出抑制加工调节着对干扰的抵制，而抵制干扰的效率反映了个体对干扰的敏感性。干扰有三种不同的现象，分别与行为、知觉和语言领域相关。由于干扰性质不同，抵制干扰的结构并不统一，干扰敏感性也呈现出三种不同的发展进程（Bjorklund et al.，1995）[51]：行为干扰敏感性通常在儿童时期最为明显，并随着年龄的增长慢慢消退；知觉敏感性在幼儿时期最明显，在童年晚期和青春期早期逐渐下降；语言干扰敏感性在童年早期达到顶峰，之后相对稳定。

与 Friedman 等人（2004）的干扰敏感性模型相似，Connelly 等人（1993）[534]提出的多样化抑制系统模型也指出，抑制机制是多样化的效应加工过程，并不存在一个拥有专门资源的独立抑制加工机制，抑制依赖于各个具体活动的认知过程；由于受到相关的特定认知加工过程的影响，抑制机制呈现不同的特点；抑制与年龄的关系也呈现多样化趋势。Connelly 等人(1993)[535]发现，老年人和年轻人存在着位置抑制与特性抑制的分离现象，说明这两类抑制是各自独立进行的，具有不同的时间发展进程。他们进一步假设，有可能存在两种不同的抑制子系统，它们各自拥有分离的神经通道，即负责位置信息加工的背侧通道和负责特性信息加工的腹侧通道(Connelly et al.,1993)。他们的假设与神经生理学及发展性研究的结论达成一致。神经生理学实验发现，在大脑皮层中，加工相同刺激的不同方面确实有分离的神经通路，即主要负责对视觉刺激的颜色、形状、特性等属性加工的特性通路和主要负责位置和运动信息加工的位置通路；发展性研究也表明，背侧通道的信息加工与年龄的关系不是很明显，而腹侧通道的信息加工明显受到年龄增长的影响。

Reyna 等人(1995)提出了模糊痕迹理论。模糊痕迹理论的核心是个体对信息的表征是一个从字面的、逐字逐句的(verbatim)表征到模糊的、类似于主旨(gist)痕迹的连续体，人们更喜欢运用模糊痕迹解决问题，且这种偏好会随着年龄增长而愈加明显；个体的反应会产生输出干扰，阻碍其以后的表现，这颇似干扰敏感性模型的主张。输出干扰有两种形式：时序效应和反馈效应。时序效应指的是虽然人们能够同时(平行地)进行几种不同的认知操作，但序列反应造成了反应竞争，各种可能的反应彼此竞争优先执行；而反馈效应是指个体一旦作出反应就会产生反馈，这种反馈进入工作记忆并与任务的相关信息竞争，从而影响了个体的表现，这与前文 Hasher 等人的观点十分相似。模糊痕迹理论还提出，不同表征对干扰的敏感性不同，逐字逐句表征比模糊表征对干扰更加敏感；另外，儿童在童年早期更多依赖于逐字逐句表征，之后逐渐转为模糊水平。与干扰敏感性理论一致的是，输出干扰在敏感性上也存在着年龄差异，年龄较小的儿童比年龄较大的儿童和成人更多受到输出干扰的不利影响。Brainerd 等人(1994)的研究发现，学前儿童更多依赖于对逐字逐句痕迹而不是对主题的加工，而二年级的学生则相反。有关选择性注意的研究也证实了输出干扰敏感性的年龄差异。

Philip 等人(1996)[25]提出了认知复杂性和控制理论(cognitive complexity and control theory)，认为儿童在抑制、抵制干扰和规则任务上的表现会随着其认知规则能力的增长而得到改善，儿童对行为的认知控制取决于对规则复杂性的认识及利用。在该理论中，抑制不是一个机制，而是运用系统指导行为的结果。Philip 等人(1996)[25]使用了简化版的威斯康星卡片对被试进行分类测验(Wisconsin Card

Sorting Test，WCST)，要求被试对绘有一个或两个物体的卡片先按照一种规则(如形状)分类，再按照另一种规则(如颜色)分类。结果发现，3岁儿童尽管能够很容易地按照形状或者颜色对卡片分类，但当规则改变时，他们在“转换”实验上几乎总是失败。虽然这些儿童能够清晰明白地说明规则，但他们仍然像先前那样排列卡片。Philip等人(1996)[25]把这种失败归因于这些儿童未能有效抑制先前规则的信息激活，因此在规则转换时难以作出正确反应。

许多研究者提出，抑制机制在理解认知功能的个体差异方面具有特殊的重要性，并可以解释个体在工作记忆容量、阅读理解、记忆失败、问题解决及其他一般认知能力上的差异(Quay，1997)。例如，Hasher等人(1999)[201]认为，个体的认知能力(如工作记忆的广度、阅读能力等)与个体控制干扰的能力直接相关，认知能力弱并非因为记忆容量不足，很可能与抑制效率低下有关。Conway等人(2019)提出的工作记忆资源依赖抑制模型也认为，记忆广度差异是抑制无关信息的能力呈现出个体差异的原因，记忆广度大的被试比记忆广度小的被试能更好地拦截无关信息，使有关信息更好地被激活。Rosen等人(1998)[421]的研究也发现，个体工作记忆容量的差异确实与抑制能力有关。Gernsbacher的结构建造框架理论提出，语言理解的目的就是建构一系列连贯的心理表征，这个过程受到强化与抑制两种认知机制的调节，记忆单元表征的信息符合需要即被强化，相反，则受到抑制。抑制效率影响着语言理解能力的个体差异(Gernsbacher et al.，1991)[220]。Gernsbacher等人使用歧义词的加工范式，发现语言理解能力强和语言理解能力弱的被试在激活能力方面都正常，但在抑制能力方面存在着显著差异。对于抑制和认知能力的关系，研究者推测，个体的抑制能力并不能直接影响认知能力的发展，但通过“允许”的作用影响着认知的表现，因此，抑制能力强的个体在各种认知任务中有较好的表现(Bjorklund et al.，1995)[152]。

3.3　语言理解中抑制机制的相关研究

为了保证阅读理解有效进行，读者需要对来自语言内外无关或不适当的信息进行抑制，以保证激活与阅读任务相关的意义，从而建立连贯的心理表征。语言理解中，抑制过程可以发生在多个不同的层面上，如词汇、句子、代词指代、推理、外来刺激等。

3.3.1 词汇中的抑制机制

抑制词汇信息加工的多层次交互作用模型(multilevel interactive activation model,简称 MIA)认为,词汇加工包括由低到高的字素、词体、词素和复合词等多个层次,最后通达词义。视觉化呈现一个词时,它将从底层开始激活各层次中的词形单元或"节点"。在层次结构中,激活可以向上扩散,也能向下传播来加强低层次单元的激活水平,即交互激活。词汇的语音加工依赖于读音单元的激活,字素、词体和词素层的语音加工之间存在合作与竞争。例如,词的不规则性会延迟命名反应时,这是因为字素-音素层次的读音输出与词素层次的读音输出发生了冲突,所以词素层次的读音需要抑制字素-音素层次的读音输出。在词体-尾音层次上发生的一致性效应(consistency effect)说明词体激活多个尾音后产生竞争。在汉语字(词)的加工中,亚字声旁激活与整字语音激活之间也存在促进和抑制。周晓林等人(2002)[3]认为在汉字阅读中整字与亚字是平行加工的,在汉字的识别过程中,成字声旁(或形旁)的字形结构从整字的视觉输入中抽取出来,匹配到它们自身的字形、语音和语义表征上,这种匹配与整字的加工平行进行,导致整字和声旁的语音激活之间出现合作与竞争。如果声旁的语音激活与整字的语音激活一致,它们将相互支持;如果声旁的语音激活与整字的语音激活不一致,它们将相互抑制。研究者在实验中发现,当启动字与合体目标字的声旁有语义联系时,对合体目标字的命名时间会延长,即声旁的语音激活对整字的语音激活产生了干扰(周晓林 等,2002)[6]。

在无语境条件下,歧义词的多个意义按顺序激活:首先是主要意义,随后是次要意义。如果歧义词得到充分的加工时间,那么读者的注意力将集中于歧义词的主要意义,次要意义受到抑制。所以,与次要意义有关的探测词出现后,需要重新引导读者的注意力转移到次要意义的位置。在一定的语境条件下,语境能引导读者通达歧义词在上下文中的恰当意义,与语境不一致的意义则受到抑制。有学者在一个实验中向被试呈现一个歧义词,并在呈现歧义词后 200 毫秒呈现探测词,要求被试对探测词进行命名(Simpson-Vlach et al.,2010)。结果表明,在意义一致的情况下被试对探测词的命名时间较短,在意义不一致的情况下被试对探测词的命名时间较长。这说明,先前对歧义词某个意义进行加工的过程可以作为一种情节语境对随后歧义词的意义通达产生影响,所以与先前歧义词一致的意义得到促进,不一致的意义受到抑制。

3.3.2　句子理解过程中的抑制机制

抑制控制对句法歧义消解有着重要的影响，是语言理解研究的核心问题。句法歧义消解的目的在于建构有序连贯的心理表征，所以需要阻止无关信息进入工作记忆或将无关信息从工作记忆中清除出去。这一研究的主要理论包括激活假说、抑制假说、歧义词通达模型等。激活假说认为阅读广度大的个体能同时维持多种结构或意义，阅读广度小的个体只能维持一种结构或意义。抑制假说则认为阅读广度大的个体能有效抑制不恰当或不偏好的结构或意义，而阅读广度小的个体则不能对其进行有效抑制。受到最多关注的歧义词通达模型认为，歧义词的多个意义都得到通达，随后与语境不一致的意义受到抑制，语境能够引导读者通达歧义词的恰当意义，同时阻止其不恰当意义的通达。

歧义词通达模型证明了句法歧义消解过程中的抑制有两种作用方式：一种是歧义词的多个意义首先得到激活，随后与语境不一致的意义受到抑制，被排除到工作记忆之外；另一种是与语境不一致的歧义词的意义从一开始就受到抑制，被阻止在工作记忆之外。例如，Swinney(2017)采用跨通道启动技术，在听觉通道呈现含歧义词的句子，在歧义词之后立即呈现探测词或延迟 4 个音节呈现探测词。实验结果表明，在即时测试点上，歧义词的两个意义都得到激活；在延迟测试点上，与语境一致的意义保持激活，与语境不一致的意义受到抑制，即歧义词的不恰当意义先被激活后被抑制。语境的偏向性强弱及歧义词类型可能是影响抑制机制作用方式的重要原因。词汇歧义消解中的抑制属于自动抑制，而语言歧义消解过程中更深入的加工则需要有意识抑制的参与，而且需要更长的时间才能抑制歧义词的不恰当意义。Gernsbacher 在一项研究中要求被试阅读含有歧义词的句子并判断探测词是否符合句子的意义。例如，实验句“He dug with the spade.”的探测词为 Ace，实验句子后的探测词与句子的意义不一致，被试要作出正确判断，抑制句尾歧义词的不恰当意义，即实验任务要求被试有目的、有意识地抑制歧义词的不恰当意义。结果发现，ISI(上一刺激消失到下一刺激呈现之间的时间)为 850 毫秒时，理解能力强的被试抑制了歧义词的不恰当意义。杨丽霞等人(2002)曾采用句子验证任务探究汉语歧义句的解析过程。结果发现，对歧义句主要意思的抑制比对次要意思的抑制更加困难，前语境在句子歧义解析中的作用优于后语境。

3.3.3 代词指代解决与抑制机制

在阅读理解中，读者需要通过推理来保持文本的连贯性表征，推理会涉及代词指代问题。代词指代可以促进所指者的激活，抑制非所指者的激活。McDonald (2016)在一项研究中发现，当代词所指者和非所指者为不同性别时，对代词非所指者的抑制较早出现；当代词的所指者与非所指者为同一性别时，对代词非所指者的抑制需要较长时间。Gernsbacher(1991)[247]曾研究过代词指代和名词重复指代中的抑制机制，发现在名词重复指代的情况下，抑制机制立即被触发且抑制的强度很大，即对非所指者的提取受到了强烈的抑制；代词也能触发对代词非所指者的抑制，但是这一抑制过程强度较弱且需要一定时间；如果代词所指者与非所指者为不同性别时，代词的性别特征能触发较强的抑制。周治金等人(2003)也发现，指代者对所指者的激活有促进作用，对非所指者有一定的抑制作用。

3.3.4 推理与抑制机制

Hasher 等人(1999)[198]认为，在阅读理解中，抑制机制负责限制进入工作记忆的信息，抑制效率的下降会导致无关信息进入工作记忆，并在工作记忆中保留较长时间，进而影响对有关信息的有效加工。Hamm 等人(1992)进行的一个关于段落推理的实验支持了这种观点。实验以两个段落组成的文章为材料，前后分别用一个段落给出文章的最初解释与最终推论，二者可能一致，也可能不一致。在文章的中间和结尾处呈现一些探测词。一部分探测词与文章意思一致(靶子词)，另一部分探测词为似是而非的竞争词(与课文意思不一致)。被试按要求依次迅速判断这些探测词与文章当前的解释是否一致。结果发现，在对靶子词的判断上，语言水平低的读者与语言水平高的读者成绩同样好；但在对竞争词的判断上，语言水平低的读者难以抑制这些竞争词。

3.3.5 外来刺激的抑制

在语言理解过程中，读者还需要抑制来自语言以外的许多因素的干扰，如噪声、分心刺激等。抑制机制是有效理解的重要保障。对外来干扰刺激的抑制效率与理解能力有关。例如，Connelly 等人(2019)在一个实验中要求被试阅读插入了干扰材料的短文。这些干扰材料有三种类型：无意义的字母串、与所读段落无意义联系的词和短语、与所读段落有意义联系的词和短语。结果发现，在插入干扰材料的情况下，老年人比年轻人的阅读时间要长；干扰材料与短文有意义联系时，阅读水平低的读者受到的不利影响更大。Yang 等人(2013)采用移动窗口阅读与选择性认知相结合的范式，在要求加工的目标词或目标句子中插入干扰信息。结果发现，抑制机制的效率受到干扰材料性质的影响，有意义的、与目标材料有关的干扰材料更难以被抑制。干扰材料的性质对语言理解能力不同的被试有不同的影响，理解水平低的读者更难抑制与目标材料有关的干扰材料。

3.3.6　多模态语义理解中的抑制机制

多模态信息加工是信息加工的一种重要形式。在多模态信息加工过程中，不同模态的信息之间会相互影响，其影响作用包括促进与干扰两个方面。与促进效应相比，干扰效应在多模态信息加工中的作用更引人注目，其中研究较多的是词-图干扰效应。词-图干扰实验是 Stroop 效应实验范式的一种变式，即将词与熟悉物体的图片相结合，考察词与图的关系对图片认知反应的影响。干扰刺激如果与目标刺激相同，则促进对目标的反应；干扰刺激如果与目标刺激在语义上存在差别(但也有一定程度的联系)，就会扰乱对目标的反应。例如，Gernsbacher(1991)[248]发现干扰刺激对目标的判断有干扰作用，理解能力不同的被试对干扰刺激的抑制用时不同，理解能力强的被试在 1 秒后对干扰刺激出现抑制。时间间隔(即 SOA)的数据表明，当词呈现 400 毫秒(SOA＝＋400 毫秒)后再出现图可以促进被试对图的命名；而当词和图呈现的时间间隔在 100 毫秒到 400 毫秒之间，被试在对图片命名的时候，词对图片产生了干扰效应。

第4章

工作记忆

人类进化的一个重要的标志就是“认知跳跃”(Coolidge et al.,2009),工作记忆在认知发展中发挥着重要的作用,所以工作记忆的研究受到了各个学科关注。自从 Baddeley(1992)[557]提出了第一个认知模型之后,对于工作记忆模型的研究不断发展。目前关于工作模型的本质、记忆和功能的主流理论存在诸多争议。

4.1 工作记忆的本质

关于人类记忆的分类方法有很多种,其中一种基于对外界信息的刺激和加工过程将记忆分为感觉记忆、短时记忆和长时记忆(Randall,2007)[170]。图 4-1 展示了记忆信息加工的过程。感觉记忆是指五官接收到刺激后,把刺激转化为信息进行加工。例如,当我们在马路上听到“咚咚”的敲击声,耳膜震动并将外界刺激转化为信息在大脑中加工——这是敲鼓的声音。感觉记忆的内容通常存储在短时记忆区。如果是语言的刺激,大脑首先将信息按照语义、句法、语用等特征进行加工,形成意义以后存储在长时记忆区。这些信息日后可以被听者提取出来进行二次加工。

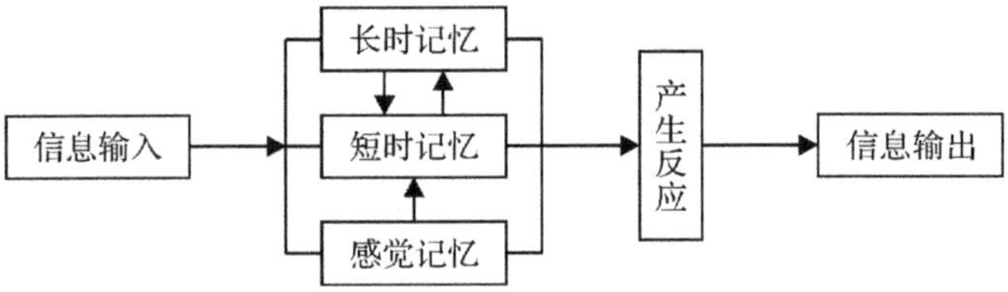

图 4-1　记忆信息加工流程图

工作记忆包括人脑中意识加工的所有内容和过程，它像一座连接短时记忆和长时记忆的桥，对存储在短时记忆中的内容进行加工并将其传输至长时记忆，对长时记忆中的内容进行检索、提取、增加、修改和重组等，并同时进行感官记忆加工。从加工方式上看，工作记忆比短时记忆的内涵要丰富得多。工作记忆加工的过程涉及感官记忆、短时记忆和长时记忆的多个记忆阶段，是一个非常复杂的过程。

4.2　工作记忆概念的发展

工作记忆的概念最早可以追溯到 James 提出的主要记忆和次要记忆(Logie et al., 2007)。James 认为，主要记忆用来贮存在未来高级认知活动中使用的短暂信息(短时记忆)，这些短暂的信息很容易被替代或者遗忘。只有将这些短暂信息不断进行复述，这些信息才有可能转化为次要记忆(长时记忆)。随着认知研究的发展，20 世纪 50 年代的研究者对认知有了更多认识，提出了“认知革命”，并批评前期研究者将记忆分为短时记忆和长时记忆的二分法过于片面。认知革命的代表学者、美国心理学家 Miller(1956)的一项实验要求被试复述 3 至 12 位随机排列的数字，实验结果发现信息一次呈现后，被试回忆的最大数字单元是 7±2 个单元。Cowan 等人(2005)对 Miller 的实验提出了质疑，他的实验使用了同样的方法，发现被试只能回忆 4±1 个单元。

早期关于工作记忆的研究是开创性的，它激起了认知心理学家和其他科学家对工作记忆的极大兴趣，他们随后根据自己的研究范围和观点提出了十几个不同的工作记忆模型(Carruthers, 2015; Conway et al., 2019; Dehn, 2017; Miyake et al., 2000)。从 20 世纪 70 年代初到 90 年代中期，工作记忆研究分为欧洲和北美两个截然不同的阵营：许多欧洲认知心理学家采纳了 Baddeley 的“结构”观点；而北美认知心理学家更接受“功能”的观点，如 Cowan(1999)的嵌入式过程模型和 Engle(2002)的受控注意模型。

4.3　工作记忆测量的理论问题

虽然工作记忆在认知心理学中有着广泛的应用，但许多关于工作记忆的理论问题仍有待研究。其中有两个问题值得特别关注，这两个问题都与工作记忆测量有关(Dehn, 2017; Miyake et al., 2012)。第一个问题涉及工作记忆个体差异的结构，第二个问题讨论工作记忆中个体差异在何种程度上具有领域特殊性或领域普遍性。

4.3.1 工作记忆中个体差异的结构

对工作记忆中个体差异结构的研究涉及工作记忆测量所利用的个体差异，通常使用工作记忆广度任务，因为记忆广度任务比其他测量方式更能预测人们在复杂认知任务中的表现。而对于造成个体差异的根本原因，研究人员在很长时间内尚未达成共识（Conway et al.，2019；Dehn，2017；Miyake et al.，2012；Miyake et al.，2000）。

直到近些年，记忆广度任务理论提出的资源共享模型才得以对上述问题进行合理解释。该模型最初由 Daneman 和 Carpenter 提出，他们强调在单个认知资源池中处理和存储需求之间的权衡（1980）。根据资源共享模型，工作记忆广度任务是对认知资源功能的度量，这些认知资源可以在工作记忆的处理和存储活动之间灵活分配。例如，对于擅长语言处理的人来说，满足记忆广度任务（大声朗读或句子验证）的并发处理要求将消耗相对较少的资源，从而使他们能够分配大量的剩余资源来维护目标词的存储。相反，如果一个人不擅长语言处理，那么执行一个并发的语言处理任务将消耗大量资源，只留下少量的可用资源来支持目标词的存储，从而影响工作记忆加工。资源共享模型认为，个体在工作记忆广度任务中的表现反映了在满足任务的处理需求后可用的资源量。虽然资源共享模型有许多变体，但它们都包含了权衡处理和存储这一观点（Miller et al.，2016）[53]。

尽管近年来研究者对资源共享模型的看法略有不同，但不可否认的是资源共享模型自其提出以来便一直占主导地位，在认知心理学领域广为接受（Miller et al.，2016）[54]。虽然最近一些学者怀疑甚至质疑资源共享模型的正确性，但他们的观点和这一模型有很多相似性。比如，Engle 等人（2004）的控制注意力的观点认为记忆广度任务衡量的工作记忆容量是由短时记忆与所谓的控制注意力共同决定的，在面对干扰或干扰性刺激（抑制无关信息）时，进行控制性处理或持续关注任务相关信息的注意能力在记忆的各个阶段都是通用的，并且资源有限。

这一观点符合工作记忆的统一理论，在该理论中，工作记忆被概念化为包含多个组件和多个功能（包括执行操作和非执行操作）的主存储系统。也就是说，这一观点综合了不同的研究重点，消除了两种工作记忆研究传统范式（欧洲和北美传统)在理论立场上的根本差异。Engle的主张也类似于这样一种观点,即工作记忆容量等于语音环系统的容量加上中央执行功能容量(Miller et al.,2016)。换句话说,Engle的“注意”概念与Baddeley(1992)提出的“中央执行功能”概念非常相似,都是参与调节信息处理的注意系统(Williams et al.,2012)。因此,采用任何一种广度任务来评估工作记忆的执行功能都是合理的,尽管它们可能是从不同的角度出发,如阅读广度反映了领域特殊性,操作广度反映了领域普遍性。

4.3.2 工作记忆中的领域特殊性与领域普遍性

工作记忆是否是一个独立于任务内容的通用能力系统也是需要解决的问题(Turner et al.,1989)[128]。在认知心理学领域,研究人员所使用的与语言相关(如阅读广度任务,以Daneman为代表)和与语言无关(如操作广度任务,以Engle为代表)的测量方法,其基础结构略有不同。

具有领域特殊性的工作记忆测量,如阅读广度任务或者口语广度任务,可能对语言理解和产生过程中的差异更敏感,因为它们比起操作广度任务的测量更与语言相关。具有领域普遍性的工作记忆测量,如操作广度任务,则涉及较少的语言成分,更多涉及一般能力或中央执行能力(Rosen et al.,1998)[420]。此外,Engle等人(2022)强调,工作记忆能力的差异实际上是工作记忆系统中单个成分的个体差异,即控制注意力。也就是说,某些因素可能会使研究结果偏向一个方向,因此研究人员在设计或调整这些复杂的记忆广度任务时应谨慎(Miyake et al.,2012)[9]。如果这一讨论成立,那么工作记忆系统单一功能观(Cowan et al.,2014)和多重结构观(Baddeley,2000)之间的争论就与工作记忆测量结果的细微差异有关。

4.4 工作记忆与语言研究

随着工作记忆在认知心理学领域的地位不断提高,研究者将更多注意力转向了工作记忆与语言学习之间的特殊关系,因为语言可以说是高层次人类认知中最复杂、最有趣的元素之一(Gathercole,2016;Jackendoff,2007;Van Dyke et al.,2014)。这些研究总体分为两种模式,一种模式探究语音工作记忆在词汇习得和发展中的作用(Andrade et al.,2001a);另一种模式探究工作记忆的执行功能对语言处理(特别是对阅读理解)的影响。Miyake等人(2012)[10]指出,这两种模式虽然存在诸多差异,但也达成了较为一致的共识,即“工作记忆的作用不是完全单一的,任何关于工作记忆的理论都应该能够解释某些领域特殊效应”(Miyake et al.,2000)。

Engle(2001)提出的“层级视图”理论也印证了这一点。该理论融合了工作记忆的双重性质,认为语言和非语言的工作记忆广度任务最好用一个模型来解释,这个模型包括领域特殊性的存储能力和领域普遍性的注意力资源(Williams et al., 2012)。二语习得领域的研究者也认为,如果人们认为语言学习与人类其他认知形式没有区别,那么就应该采用反映一般能力的复杂广度测量(如操作广度任务);相反,如果语言学习被看作是由听、读、写、说等特定的过程或技能组成的,则应采用反映领域特殊性的复杂广度任务。换言之,尽管由于一些语言和非语言因素的作用,不同广度任务的结果可能存在层级差异(Cai et al.,2022;Linck et al.,2013),但两种版本的记忆广度任务都可以被采用。

4.5 影响工作记忆测量的方法论问题

除了关于工作记忆测量的理论存在争议外,在工作记忆方法论方面也存在质疑的声音。研究者使用工作记忆广度任务进行测量的方法千差万别,认知语言学领域的研究者一直在努力改变这种状况,尝试对这些方法进行详细说明(Conway et al., 2019;Linck et al.,2013;Friedman et al.,2004;Oberauer et al.,2012)。鉴于此,本节概述了几个与工作记忆广度测量相关的方法论问题,特别是与阅读广度任务和操作广度任务相关的问题。

4.5.1 可靠性问题

尽管记忆广度任务被广泛使用,但其可靠性仍受到一些质疑,因为它们的某些基本心理计量特性仍然没能得到很好展现(Waters et al.,2003)[57],比如:①内部一致性问题,即测量的同质性;②重测信度问题,即一次考试成绩与另一次考试成绩的相关性;③参加者分类的稳定性,也就是说,如果将参加者分为不同水平的工作记忆组(例如高、中、低),测量结果是否会在时间变化和(或)不同的工作记忆任务中保持稳定(Klein et al.,1999)。

为了解决这些问题,Waters 等人(2003)对前期关于工作记忆任务心理计量特性的研究结果进行了荟萃分析(meta-analysis),发现内部一致性的估计值(0.67～0.95,用分半信度来衡量)往往高于重测信度的估计值(0.41～0.83)。在稳定性问题上,许多研究者发现如果将参加者分为不同水平的工作记忆组,测量结果稳定性较差。研究者继续调查了在老年人中常用的七种工作记忆能力(包括阅读广度任务)的测量方法,发现测试结果显示出年龄在工作记忆中的影响,在实验中老年人在许多工作记忆任务中的表现比年轻人差;工作记忆测试可以应用于老年人并显示其心理计量特性,虽然需要通过一定的限定条件来进行,即在衡量参加者工作记忆广度测量结果或项目的表现结果时,重测信度才可以被接受,而当根据参加者的表现对参加者进行分组时,重复测量就没有意义;不同工作记忆测试中的表现呈一般相关性。研究者推荐了一种将参加者的记忆、回忆准确性和反应时间相结合的综合测量方法,这种方法可以捕捉工作记忆测量方法之间的共性,并且更有可能得到一个可靠、稳定的参加者工作记忆表征。

4.5.2　有效性问题

由于工作记忆广度任务是复杂的,会耗费参加者大量的注意力和记忆资源,参加者不可避免地会利用策略来减少对工作记忆测量的处理和存储(Friedman et al., 2004)。在实验中,策略的使用在不同的个体之间呈现较大差异,而且根据不同的参加者开发和使用的测量任务也可能会导致测量的性质发生变化,即这些策略的使用会影响到工作记忆能力测量的准确性。基于此问题,研究者采用一些措施来帮助消除工作记忆测量时策略使用的影响。Engle 等人(2004)[155] 使用阅读和操作广度任务,发现注意力停留在句子的第一个成分的时间最长(句子顺序效应),他们认为这与策略的使用有关。当他们控制了关注时间的个体差异以后,虽然测试结果增加幅度并不明显,但工作记忆测量(操作广度)分数与参加者的学业能力测验(SAT)语言分数之间的相关性从 0.36 上升至 0.4。他们将这一结果解释为策略使用影响了工作记忆的调节功能。然而,当参加者获得足够的时间使用策略时,语言成绩与工作记忆的相关性增加,但给予参加者额外的策略使用时间可能降低了测量的标准效度。此外,如果在单词跨度任务中给予参加者无限的排练时间,该任务不再显著预测他们的语言成绩(Engle et al., 2004)[156]。

McNamara 等人(2001)[12] 也考察了策略训练对短时记忆和工作记忆表现的影响。参加者被训练将链接策略与短时记忆任务相结合。参加者需阅读 15 个单词,并使用这些单词进行故事创作。研究者使用阅读广度进行测量,发现训练后的工作记忆广度分数与未进行训练的工作记忆广度分数相比得到了提高。研究者还发现,如果参加者在训练前使用了策略,他们在工作记忆测试中表现更好。研究者将工作记忆分数的提高归因于经验和学习，而不是战略分配假说中工作记忆资源分配的变化。

Turley-Ames 等人(2003)进行了 3 个策略训练实验。在实验一中，参加者使用了复述策略(即大声说出要记住的单词)，其工作记忆广度得分增加。在实验二中，参加者使用了阅读策略，其工作记忆广度和阅读理解分数之间的相关性增强。在实验三中，当使用策略的时间被控制时，参加者在使用复述策略时获得的工作记忆广度分数再次预测了他们的阅读能力。这些结果印证了工作记忆与复杂认知之间的关系，说明策略使用会抑制工作记忆加工。研究者建议参加者在执行工作记忆广度任务时应该被禁止或控制使用策略，因为策略使用可能会掩盖工作记忆和理解之间"真正"的相关性。

Friedman 等人(2004)[101]检验了操作广度对阅读广度任务标准效度的影响，以及该任务中加工和储存之间的关系。在这个任务中，尽管实验者使用了同样的阅读广度任务，参加者使用了类似的策略，但参加者使用策略的时间与阅读理解和 SAT 语言成绩的相关性有所降低。对于检验操作广度任务中加工和储存之间的关系，虽然句子加工时间与储存能力有关，但加工和储存并没有调节操作广度得分与理解之间的关系。研究者因此得出结论：以加工为中心的理论解释操作广度任务是不完整的。这两个结果证实了操作工作记忆广度测量的方法具有重要的影响。Friedman 等人(2004)[101]提出了 3 个实用的建议来消除或最大程度减少实验中的干扰因素。第一，他们建议一开始不要为测试者设置测试项，或者提供测试者除了处理刺激之外的额外时间。第二，他们将任务加工时间作为测量值，以帮助实验者评估参加者是否在实验中使用了策略。第三，他们建议在研究设计中纳入一个完善的标准，以此有效评判工作记忆是否能够达到测量目的。

4.6 工作记忆在第一语言习得和词汇发展中的作用

英国认知和发展心理学家在英国医学研究理事会(MRC)应用心理学部进行的开创性实证研究，在很大程度上开创了西方工作记忆语言研究的欧洲范式(Baddeley et al.,1998)。他们在工作记忆语言方面的努力受到了 Baddeley 等学者提出的早期工作记忆三分模式的影响。研究者将工作记忆的关键特征以短时储存功能为基础进行划分，包含语音环和视觉空间板。在这两个假定的组成部分中发生的活动由第三部分即中央执行器进行管理和协调。随后，第四个存储组件情景缓冲区从原始模型中的中央执行器中分离出来，将不同来源的信息整合到与长时记忆相关的情景器中(Baddeley，2000)。

根据工作记忆的多组件模型，英国的工作记忆研究者所进行的大多数与语言相关的研究都旨在揭开单个工作记忆成分之间可能存在的联系，以及这些成分与语言学习子领域和活动之间的关系(Baddeley，2015；Gathercole et al.，2014)。Gathercole 等人(2014)全面回顾了工作记忆三分模式中工作记忆的 3 个关键组成部分(尤其是语音环和中央执行器)对第一语言学习子领域和活动的 5 个中心领域的具体影响。例如在阅读熟悉的单词时，除了需要对语音结构进行复杂的判断外，其他两个工作记忆组成部分的影响几乎是微不足道的。而在词汇习得过程中会使用语音环和中央执行器，语音环将新词的语音形式编码并整合到(词汇的)长期知识库中，中央执行器则参与协调注意资源，解释这些新学习项目的语义特征。事实上，大多数由欧洲阵营进行的工作记忆语言研究都集中在语音环与词汇习得和发展之间的关系上，而很少有实证研究考察工作记忆其他组件(例如，视觉空间草图和情景缓冲区)对第一语言子领域和活动的影响。

多组件模型中的语音环在欧洲的工作记忆语言研究中得到了最广泛的关注(Baddeley，2015)。相关研究范式包括基于语音的被动存储机制和主动发音复述机制(默读)(Baddeley，1998；Baddeley et al.，2000)。在测量方面，这些早期的研究大多使用基于存储的回忆测试，如数字广度任务、单词广度任务和非重复广度任务(Gathercole et al.，2016)[133]。总体来说，欧洲范式揭示了工作记忆组件对词汇习得和语法发展等基本语言学习子领域的潜在影响，并研究了工作记忆组件在其他语言学习活动和技能中的作用(Baddeley，2000)[129]。

欧洲范式的另一个亮点是对儿童的语音环和词汇学习之间关系的实证研究。Gathercole 等人(2016)[134]发现，4 岁儿童的非词重复广度可以准确预测一年后他们母语的词汇量。在另一项研究中，Gathercole 等人(2009)证明儿童的非词能力与他们学习新词语的效率成正比。此外，Gathercole(1999)发现，在 4 至 13 岁年龄组的儿童中，词汇发展与非词任务之间存在较强相关性。换句话说，语音环和词汇习得联系紧密，并贯穿于儿童的整个词汇发展期。

此外，还有研究表明，语音工作记忆与儿童词汇学习之间并不是单向的。Gathercole 等人(2016)[137]研究了 5 岁儿童的生词学习、语音环和现有词汇知识之间的复杂联系。他们发现，学习新单词不仅受到语音环的影响，还受到儿童现有词汇知识状态的影响。研究者指出,“随着词汇知识的增加,语言结构的知识也能更好地补充和加强语音环中脆弱的新词痕迹”(Gathercole et al.,2016)[138]。

分离这种复杂关系的一种可能方法是寻找“交叉滞后”的相关性,即连续两点测量的相关变量之间的相关性(Baddeley,2000)[132]。这种方法清楚地指出语音环与词汇之间存在因果关系。例如一些学者在一项语音环和词汇学习的研究中用非词广度进行测试来衡量语音环和词汇学习之间的相互作用(Gathercole et al.,2009),发现语音环与词汇学习之间存在交叉滞后的关系。换句话说,语音环会影响词汇习得率,丰富的词汇量也会加强言语记忆能力,这可能是因为较强的语言基础允许在语音环中进行复杂而有效的编码。

对于词汇量与句法或语法间的关系,认知心理学家的意见存在较大分歧,这是因为他们对语法在工作记忆中的影响有不同的认知。Allen 等人(2019)认为工作记忆可能与第一语言的语法发展无关,而一些学者证明了在威尔士语中语音环参与了特定语法形式的习得。近些年,Andrade 等人(2011b)证实了语音环在人工语法习得中的积极作用。

虽然工作记忆的其他组件(中央执行器、视觉空间版和情景缓冲区)对第一语言学习任务的影响在欧洲范式中探讨得较少,但仍有少量的研究按照北美范式探索中央执行功能和语言理解之间的关系,例如 Gathercole(2016)[139] 的研究表明,当儿童的语音环和中央执行能力都较差时,在获取词汇和阅读技能上都会遇到问题。但他的研究并没有说清楚工作记忆组件(如语音环和中央执行器)之间的关系。

总体而言,在欧洲范式下,工作记忆的语音环在词汇和语法(句法)习得的发展中发挥着重要的作用(Messer et al.,2015)。根据近年来联结主义和语料库语言学的研究成果(Ellis et al.,2018),词汇和语法是交织在一起、不可分割的,因为词汇和语法结构可以被认为是不同长度的语言序列或语块(Bates et al.,2001;Romer et al.,2011)。Baddeley(1992)的后期工作记忆模型也清晰反映了工作记忆语音组件和语言习得之间的联系。该模型假定语音环的进化目的是成为一种“语言学习工具”(Baddeley,1992)[560]。因此,语音记忆在词汇和语法(句法)的习得和发展中不可或缺(Martin et al.,2012;Verhagen et al.,2016)。尽管如此,Baddeley(2015)[570] 补充这并不一定能证明语音记忆是必不可少的,例如在早期的案例研究中,一名研究生有丰富的词汇量,但她的短时记忆能力薄弱(Baddeley,1992)。由此可以说明语音记忆是一种非常有用的语言习得工具,但并不是必不可少的工具(Baddeley,2015)[570]。

4.7 工作记忆在第一语言听力和阅读理解中的作用

许多北美认知学家受到了以 Baddeley 为代表的欧洲阵营在工作记忆方面开创性研究的影响，进一步扩大了工作记忆与语言学习之间的研究范围(Miller et al.,2016;Just et al.,1992)。大多数北美的工作记忆研究者提出了不同于 Baddeley 多组件工作记忆模型的观点，选择将注意力集中在长时记忆(Cowan et al.,2014)或控制注意力方面(Engle et al.,2004)。

北美的许多研究人员最初提出了工作记忆的主要功能，即注意和控制功能(类似于 Baddeley 多组件模型的中央执行功能)，后来更侧重于研究工作记忆执行过程中的个体差异及工作记忆对语言的影响，包括语言理解(如听和读的过程)和语言生成(如说和写的过程)。研究者提出了许多关于工作记忆与语言理解关系的理论模型，下文总结了一些具有代表性的理论及其研究范式。

Daneman 等人(1980)[424]提出的工作记忆与语言理解关系的研究范式在北美研究中最为经典，也最具有影响力。他们假设工作记忆是语言理解过程中唯一的认知资源容器。在工作记忆的测量方法上，北美研究者也抛弃了欧洲研究中简单的、基于存储的记忆广度任务传统，构建了更为复杂的“储存＋加工”记忆广度任务，包括句子判断和对句子最后一个单词的回忆。这种双重任务研究范式与工作记忆的两个基本认知功能之间的竞争(或权衡)有关。

双重任务评估程序包括阅读广度任务、听力广度任务和口语广度任务。相对于欧洲研究中的简单记忆广度任务，更为复杂的阅读广度任务是北美语言习得和句子处理研究中使用最广泛的任务(Juffs et al.,2014)。由 Daneman 等人(1996)[431]所做的 77 项研究的荟萃分析(涉及 6179 人)进一步证明，“储存＋加工”记忆阅读广度任务的测量效果优于仅测量“储存”的效果，后者是欧洲研究者预测参加者阅读理解成绩的传统方法。许多研究者一致认为，工作记忆在各种特定的语言理解过程和活动中都非常关键，包括解决语义模糊、解析语法复杂的结构、生成在线推断、理解和生成上下文的词义、处理复杂度不同的从句等(Miyake et al.,2012)[10]。因此，到目前为止，“储存＋加工”记忆广度任务在心理学和语言研究领域广泛受到欢迎(Van Dyke et al.,2014)。

虽然 Daneman 等人的工作记忆广度任务影响深远，但其测量版本受到来自北美其他认知心理学家的挑战。例如，Turner 等人(1989)认为，要预测阅读理解能力,工作记忆广度任务中的句子处理部分不一定与阅读相关,也可以测量算术能力。为拓展这一假设,他们设计了操作广度任务,包括简单数学计算和最末单词的回忆。以此为基础,Unsworth 等人(2005)开发了在线版本的操作广度任务。在一系列实验中,Engle 等人证明了计算版本的操作广度任务在预测阅读理解能力方面的优势,从而支持了他们关于工作记忆与语言理解关系的假设。事实上,在其他一些关于工作记忆广度任务的方法研究和比较研究中,领域普遍性的操作广度任务更具有可靠性和有效性。

Daneman 等人对工作记忆与语言理解关系的解释也受到了一些学者的批评(Caplan et al.,2013)。一方面,这些学者提出阅读广度任务的评估和评分程序需要进一步改进。Waters 等人(2003)认为,仅仅通过句子最后一个词的记忆分数来代表工作记忆容量是不完整的,甚至是错误的,因为它没有充分利用工作记忆主要的加工功能。为了纠正这一点,他们建议参加者的工作记忆能力应该用一个标准化的"综合分数"来表示,该分数应该充分考虑回忆广度、反应时间和句子判断准确性数据(Conway et al.,2019;Waters et al.,2003b)。另一方面,Waters 和 Caplan 批评了 Daneman"单一资源"的观点。对此,Caplan 等人(2013)提出工作记忆在语言理解的两个阶段发挥作用。更具体地说,他们假设工作记忆没有参与第一阶段,例如在线加工和自动化处理,而是在工作记忆资源的第二阶段即延时加工中发挥重要作用,例如代词回指。研究者们通过一系列研究为这一观点提供了令人信服的证据,即与工作记忆能力强的人相比,工作记忆能力弱的人的句法分析能力并没有受到损害,并且工作记忆能力也不影响句法记忆负荷和其他类型的记忆负荷在脑成像研究中产生不同的激活模式(Cowan et al.,2014)[199]。

Caplan 等人(2013)将他们的工作记忆与语言理解模型进一步扩展为综合记忆模型,包括短时工作记忆和长时工作记忆。经过比较和考察短时和长时工作记忆模型的独特贡献,Caplan 等人指出了 Baddeley 提出的短时工作记忆的局限性,并将长时工作记忆模型作为研究指代结构和解释句意更可行的理论框架。从更广泛的意义上讲,Caplan 等人提出具有普遍特殊性的工作记忆可以用来保存句子构成必要的语法知识,这一点在很大程度上符合 Chomsky 生成理论框架中"语言习得工具"(即通用语法)的原则(Cowan,2014)[201]。

4.8 第一语言工作记忆研究：语言表达与写作

大量研究探索了工作记忆和语言理解之间的关系，而有关工作记忆和语言产出之间联系的研究相对较少(Acheson et al.,2009)。在语言产出领域，Levelt 等人(1999)的言语产出模型是心理语言学和应用语言学领域最著名和最成熟的模型(Ellis,2005;Skehan,1998)。在这个模型中，言语产生包含 3 个阶段：①概念化阶段，即产生语前信息的阶段；②公式化阶段，即选择词语、短语(词汇编码)或者计划句法结构(语法编码)的阶段；③表达阶段，即言语最终产物的生成阶段。Levelt(1983)还提出了伴随这些阶段的 3 个自我监控环，用来监控这些阶段的产出和加工结果(Gilabert et al.,2010;Kormos,2014)。然而，在 Levelt 的假设中，只有概念化阶段在一定程度上需要利用工作记忆，其余两个阶段以并行处理的方式进行，基本上是自动的(Levelt et al.,1999)，不需要工作记忆的参与。

在许多实证研究中，关于言语生成中工作记忆贡献最小的假设受到了一些学者的质疑，这些研究证明，即便是第一言语的形成阶段，也可能受到工作记忆效应的制约(Ferreira et al., 2002; Hartsuiker et al., 2006)。例如，Hartsuiker 等人(2006)证明了与工作记忆广度得分高的参加者相比，工作记忆广度得分低的参加者更容易犯主语和谓语不一致的错误。从这个意义上说，工作记忆在言语产生中的作用可能需要被进一步验证，需要更多的实证研究和更细致的评分程序。因此，对于工作记忆和言语生成之间的关系尚无定论。

写作是语言产出最重要的方式，它是一项复杂的认知活动，涉及许多同时发生的子目标和交互过程，因此写作的水平受到写作资源的限制(Olive et al.,2008; Swanson,1996)。在写作的认知研究中，Torrance 等人(2006)提出将工作记忆的效果与写作过程的认知需求关联起来的做法，并且引入工作记忆作为评估要素。

近些年，有学者提出了新的假设，即写作中的加工过程都需要工作记忆的中央执行器(如情绪工作记忆)参与，但语言工作记忆或视觉空间工作记忆只会程序化式地自动进行。

4.9 语言学理论和语言处理模型中的工作记忆

有关工作记忆和语言关系的另一个理论是语言习得和句子加工模型，该模型将工作记忆作为关键因素。O'Grady(1997)首次提出语言习得和处理的“涌现论”，该理论反对 Chomsky 倡导的主流生成语法(MGG)和解决方案。关于第一语言习得,Chomsky 等人(1965)提出 3 个重要观点:①习得是人类特有的先天语言能力(即通用语法);②特定的语言经验是造成语言之间细微差异的原因;③某些一般领域的原则或机制(即计算效率或记忆限制)不是语言能力所特有的。

在这 3 个观点中,大多数研究将人类独特的语言能力作为第一语言习得的主要因素,从这个角度来看,语言体验和计算效率在语言习得中只发挥次要作用。Chomsky 等人(1965)指出:"语言学理论主要关注的是理想化的层面,研究一个完全同质的语言群体中的说话者(且为听话者)的表现,他们对语言了如指掌,在语法上不受不相关条件的影响,如记忆、分心、注意力和兴趣的转移,以及在实际运用语言知识时的(随机或典型)错误。"

与主流生成语法的观点相反,O'Grady(2008)的加工决定论认为,在语言习得中语言能力并不是最重要的。非语法的、领域通用的加工功能是"人类语言能力的核心"(O'Grady,2015)。O'Grady(2017)引用了英语、韩语和俄语的跨语言实例说明了如何有效率地实现一些核心语法结构(例如俄语和英语这两种不同类型语言之间的补充依存现象)的加工过程,该加工过程的主要目标是减轻有限工作记忆资源的负担。换句话说,有限的工作记忆能力造成了通用人类语言处理的自身限制或处理压力。

Lu(2011)认为语言结构在工作记忆中的限制应该是人类语言中最基本和最普遍的现象。继 Miller 的"神奇的数字 7"之后,Lu 推测任何时候人说话的顺序都不会超过 7 个意义单元。同样,任何句法结构,无论是短语还是句子也不可能超过 7 个意义单元,因为所有的句法结构都是一个完整的话语序列。比如"Mike(NP) carefully(AP) read(VERB) the newspaper(NP) in the dinning room(PP) for hours (PP) yesterday(NP).",该句由 1 个名词加上 6 个短语组成。从这种意义上来说,人类语言在实际中应用中也受到工作记忆广度的影响。

Lu 进一步补充,工作记忆实际上强调和限制了大多数语族或语言结构中的语块加工过程,语言句法分析和加工方式也非常依赖工作记忆。这个说法类似于 Baddeley(1998)提出的语音环是"语言学习的载体"的主张。

另一个结合了工作记忆的语言加工模型是 Jackendoff(2007)提出的并行架构框架。Jackendoff 的语言加工观点保留了 Chomsky 所倡导的主流生成语法的所有内涵和外在特征。但不同于主流生成语法将语音、句法和语义视为同等独立的生成成分的做法，并行架构框架将这3个核心语法结构通过规则联系在一起(Jackendoff,2007)。Jackendoff认为这3个核心语法结构存储在长时记忆中，并在工作记忆中进行整合(尽管这些结构是相互竞争的)。换句话说，人类大脑工作记忆的有限能力支撑和限制了各种语音、句法和语义结构的处理和构建整合。Jackendoff(2007)所设想的语言工作记忆有3个关键变量，分别对应于这3个核心语法结构的处理、构建和整合：①用于处理语音的语音工作记忆组件；②用于处理句法的句法工作记忆组件；③用于处理语义的语义工作记忆组件。

尽管O'Grady和Jackendoff在其理论语言学模型中强调工作记忆的重要地位，但他们没有提供运作和测量工作记忆的细节。因此，关于语言习得中加工限制的许多说法仍停留在推测阶段。

Gibson(2000)提出的依存局部性理论同样是基于工作记忆的语言加工方法，该理论修正了先前语言加工理论的不足(Cowan et al.,2013)[92]。在该模型中，Gibson假设有限的工作记忆能力构成了句子处理中两个基本过程所需的潜在认知资源：结构整合(将单词连接到句法结构)和结果存储。Gibson(2000)认为结构整合的复杂性取决于新指称的位置和距离，以及在主成分和从属结构之间的元素数量。

这种语言处理方法最显著的特点是它的两个主要组成部分(整合与存储)可以被量化，并用于进一步计算。整合成本即在理解过程中"消耗"(consumed)一定数量的能量单位；存储成本被当作记忆单位保存在工作记忆中。从这个角度来看，阅读和理解句子的复杂程度更像是解决数学问题(Cowan et al.,2013)[92]。例如，像"记者不喜欢排版"这样的简单句子只涉及两个记忆单元(一个名词短语和一个动词短语)，需要作为记忆单元存储起来供理解使用；而"受到老师责备的学生承认了错误"这个复杂句包含4个存储单元，存储和加工的成本更高。

依存局部性理论最有说服力的证据来自它对主语关系从句不对称处理的预测。虽然许多模型解释了为什么主语关系从句通常比宾语关系从句更容易处理(Fedorenko et al.,2007)，但Gibson的依存局部性理论对句法复杂度的解释被更多学者接受，特别是解决关系从句中的歧义和依存偏好的现象(Cowan et al.,2013；Kim et al.,2015)。尽管如此，该理论仍有待完善，需要更多跨语言的证据，特别是与英语差异较大的语言。此外，研究者还需要进一步研究如何将工作记忆测量概念化和操作化，并将其纳入模型，比如如何测量工作记忆的机制与整合成本或存储成本之间的关系。

4.10 工作记忆在二语习得领域中的理论模型

随着关于工作记忆和第一语言关系的研究蓬勃发展，越来越多的二语习得研究者开始探索工作记忆和二语习得之间的关系（Juffs et al.，2011；Wen，2012；Williams et al.，2012）。考虑到第一语言和第二语言之间的根本差异，研究者假设工作记忆在二语习得中比在一语习得中发挥的作用更大。本节主要梳理工作记忆与二语习得关系研究中的理论和实证研究。

4.10.1 Skehan 二语习得“信息处理”视角下的工作记忆

在传统的信息加工研究中，二语习得研究者普遍认同第一语言认知加工是隐性的，并且自动化程度较高（一个典型的例子是儿童似乎毫不费力地使用母语学习语言），但二语学习通常发生在较晚的时期（例如成年时期），所以体现出显性和可控的加工特征（Harrington，1992；McLaughlin，1995）。由于母语者和二语学习者在词汇和语法上的表现呈明显差异，研究者相信二语习得过程需要消耗更多的认知资源（例如在理解和产出过程中），因此可能更依赖于工作记忆（Skehan，2015）。

近年来，人们对工作记忆和第二语言习得关系的研究兴趣激增，这是由于第二语言习得中二语学能研究热潮的影响（Singleton，2014；Wen，2012；Wen et al.，2017）。一些学者认为，工作记忆为 Carroll 的第二语言学能理论提供了强有力的解释（Miyake et al.，1998；Sawyer et al.，2001；Wen et al.，2011；Wen et al.，2019）。二语学能就是二语学习的能力。在有关二语学习能力的研究中，Carroll 的二语学能宏观模型影响力最大（Skehan et al.，2016；Wen et al.，2019）。在二语宏观模型中，工作记忆在母语和二语之间的根本差异在于认知加工中心角色的设定。Skehan 等人（2016）[19]认为认知加工（例如语音编码能力、语言分析能力和记忆提取）在二语学习的过程中会渗透到不同宏观阶段（例如语言输入、中央处理和语言输出），并嵌入二语学习的认知过程（例如输入加工、注意、模式识别、复杂化、处理反馈、错误避免、语言输出等）。语言输入阶段包括嵌入加工中的输入加工和注意；中央处理阶段包括模式识别、复杂化、处理反馈和错误避免；语言输出阶段包括自动化、创新性和词汇化。工作记忆被认为是最为相关的因素，它贯穿于所有宏观阶段。

以输入加工为例，Skehan（2016）[20]假设在其他条件相同的情况下，容量较大的工作记忆会给二语学习者带来优势，因为它能够对输入材料进行更深入的分析。

这同样适用于注意和模式识别，在这两种情况下，容量较大的工作记忆会使人注意到更多的材料，并使内部模式识别的材料保留更长的时间。就处理反馈而言，大量交互驱动研究(Goo, 2012; Granena, 2016; Kim et al., 2015; Mackey et al., 2010; Révész, 2014)表明，如果二语学习者拥有容量较大的工作记忆，他们会更多注意到纠正性反馈，这有助于二语能力的提升。正如 Skehan 所说，到目前为止，已初步证实从输入加工到处理反馈的认知过程与工作记忆联系紧密，其余的认知过程(如错误避免)还不太为人所知，值得在未来进一步研究(Skehan, 2016)[21]。

4.10.2 二语习得中的关联主义

近年来，越来越多的研究使用关联主义来描述二语习得(Ellis, 2015; Gries, 2020)。不同于主流生成语法的方法，关联主义认为语言学习(无论是一语习得还是二语习得)是一个获取语言序列(Ellis, 1996, 2012)或结构(Ellis, 2013; Ellis et al., 2015)的加工过程，这一加工过程得到认知机制(如频率、显著性和注意力)的支持(Ellis, 2002)。主流生成语法中的词汇和语法的概念在语言学习中不再是必需和独立的(Bates et al., 2001; Marchman et al., 1994; Römer, 2009)，而是语言序列或者不同长度的形态句法结构中的一部分。根据这一逻辑，这些语言序列范围可以是词汇序列(单个声音或音素的序列)或程式化序列(短语或搭配)，也可以是形态句法结构。因此，语言学习的主要任务是获得足够数量的语言序列或语块(即形式和功能)，这些序列或语块可用于语言使用和交流(即理解和产生)过程。

在一系列实证研究中，Ellis(2002)证明工作记忆特别是它的语音构件(语音环)在巩固、确立和自动激活新语音材料(如单个单词、语素和词汇序列)中起着重要作用。此外，语音短时记忆中的发音排练机制也在其中扮演着独特的角色(Elis, 1996; Verhagen et al., 2016)。

很多实证研究都建立在关联主义假设上。基于关联主义的实验证明了工作记忆中语音环和第二语言词汇习得的紧密关系(Cheung, 1996; Ellis, 1996; French, 2006)，同时证明了程序化序列和搭配、形态句法(或语法)习得与二语习得发展的紧密关系(Sanz et al., 2014; Verhagen et al., 2016)。这些研究也发现，语音工作记忆与词汇习得、程序化序列、形态句法结构之间的关联可以得到加强(Elis, 1996, 2013; Martin et al., 2012)。

4.10.3 Baddeley 与 Hitch 的工作记忆能量模型

工作记忆这一概念最早由 Baddeley 等学者在 1974 年提出。随后，心理学家提出了一系列工作记忆理论模型，这些理论模型的关注重点和测量方法各有不同。在众多工作记忆模型中，Baddeley 与 Hitch 的工作记忆模型最具影响力，也被研究者广泛采用。他们认为工作记忆是一种对信息进行短时加工和储存的记忆系统，由语音回路、视觉空间面板和中央执行系统这 3 个子系统组成。语音回路主要处理声音信息，由两个次级系统组成：一个是语音存储系统，能够保存 1 到 2 秒的语音信息；另一个是发音控制系统，能够对已保存的语音信息进行发声默认加工(Baddeley，2003)。视觉空间面板主要对视觉和空间的信息进行加工。中央执行系统是一个容量有限的注意力控制系统，负责协调子系统之间的注意力分配以及它们与长时记忆的联系。中央执行系统是工作记忆的核心。为了完善这一理论模型，Baddeley(2000)[128]还提出了工作记忆模型的第四个成分——情景缓冲器。情景缓冲器强调各成分之间的互动和信息整合，并为工作记忆和长时记忆的交互提供平台。该模型虽然影响力很大，但很多环节仍存在不足，如工作记忆各子系统之间的关系及工作记忆与其他认知过程的关系尚不明确，情景缓冲器也没有得到足够的实验证据支持。Daneman 等人(1980)[128]最早区分了工作记忆的处理和储存功能，指出工作记忆必须为这两项任务同时提供资源。这意味着如果其中一个任务需要的资源较多，那么用于另一个任务的资源就会减少。此外，当工作记忆的处理任务和高层次的认知活动是同一类型时，工作记忆容量和认知活动就存在相关关系，这就是著名的区域特殊性假设。Daneman 等人采用阅读广度任务来测量工作记忆容量，并指出在理解句子时，读者的加工过程效率越高，用于储存的工作记忆资源就越多。由于阅读能力强的人在理解过程中的自动化程度更高，他们在阅读广度任务中的成绩要高于阅读能力弱的人。区域特殊性假设在提出后受到了 Turner 等人(1989)的质疑。他们认为，虽然工作记忆是一个资源有限的记忆系统，但是该系统并不存在区域特殊性，而是具有区域共性。他们采用运算广度测试对工作记忆进行测量，其观点得到了实验结果的支持。

4.10.4 Engle 的工作记忆注意性控制论

从记忆和注意的角度出发，Engle 等人(2004)提出单纯的记忆过程不能解释工作记忆广度和高级认知活动的关系，工作记忆应该包括短时记忆和注意性控制。注意性控制能够维持相关信息的激活并忽略无关信息，它是工作记忆的核心。研究表明，工作记忆容量越大，阅读者运用注意性控制去避免干扰的能力越强(Engle,2002)。Hasher 等人(1999)对抑制前摄干扰的能力进行了探讨，指出抑制机制有 3 个重要功能：一是阻止与理解无关的信息进入工作记忆；二是删除渗透进工作记忆的与理解无关的信息；三是在对输入信息进行评判之前阻止阅读者进行信息输出。其中，删除功能在工作记忆广度测试中的作用尤为明显。Cocchini 等人(2002)总结了工作记忆广度测试中存在前摄干扰的依据。首先，和较不容易受到干扰的被试(如年轻人)相比，极易受到前摄干扰的被试在阅读广度测试中表现更差。其次，由于记忆广度测试包括多个句组，先前句组中的信息可能会对当前句组的加工和储存产生前摄干扰(Whitney et al.,2004)。可见，抑制前摄干扰能力的不同造成了工作记忆的个体差异。注意性控制论虽然得到了证实，但相关研究较少，并且这一理论也很少探讨工作记忆和语言理解的关系。

4.10.5 Anderson 的工作记忆激活理论

随着工作记忆研究的深入，一些学者发现“工作记忆容量有限且受到注意性控制”的观点不能解释诸如语言理解这样需要短时处理大量信息的复杂认知活动(Cowan,1999)。因此，他们将工作记忆视为一种同步进行信息加工和储存的能力，强调工作记忆的整体性，并注重资源的分配与激活。Anderson 在 1976 年提出的 ACT 模型是一个产生式系统，根据产生式规则的激活对信息进行加工。该模型将工作记忆资源视为一种注意激活，也被称为“源激活”。源激活从当前的注意焦点扩散至与当前任务相关的记忆节点，并保存那些处于可获得状态的节点(Daily et al.,2001)。该模型强调加工活动对目标信息的依赖性。当前目标信息越强烈，相关信息的激活程度越高，信息加工就越有效。由于个体的知识结构不同，其工作记忆资源(源激活的总量)也是不同的，因此在处理同一任务时，个体的表现存在差异。Cowan(1999)的过程嵌套模型包含工作记忆信息、长时记忆、长时记忆中被激活的部分和长时记忆被激活部分中当前的注意焦点。注意焦点中的信息在工作记忆中的可获得性最强。过程嵌套模型涵盖了激活和注意，但是也存在一些不足：一方面，记忆激活有时间限制，如果没有被再次激活，将会在 10 至 12 秒内消失；另一方面，注意焦点有容量限制，平均为 4 个独立单位(Cowan,2014)。

4.11 工作记忆的测量工具

如果说工作记忆理论是研究的内在支柱,工作记忆测量则是研究的外在支撑。Linck 等人(2014)基于各自的研究目的选取了不同的测量方法,这些方法大体上可以为分为复杂测试(测量储存和加工信息能力)和简单测试(测量储存能力),也可以分为语言测试(检测语言加工内容)和非语言测试(检测非语言加工内容,如数字、计算和视觉信息等)。其中广度测试为主要测量手段。广度测试要求被试同时完成两项任务,即对相关信息进行记忆加工的主要任务和涉及复杂加工过程的并行任务,如阅读广度测试、运算广度测试和计数广度测试。

Daneman 等人(1980)[466]的阅读广度测试是最早被用来测量工作记忆的工具。被试需要大声朗读一组句子(测试加工功能),并在读完每个句子时,回忆该组句子中的句末单词(测试储存功能)。虽然阅读广度测试的使用最为广泛,但这一方法也存在一些不足。首先,被试没有对所读句子的语义和语法进行可接受性判断,因此不能确定被试在朗读时对句子的加工程度。其次,该测试虽然要求被试对句子进行加工和储存,但是只计算储存的成绩,没有考虑到加工和储存功能对工作记忆资源的分享(Waters et al.,1996)。

为了克服上述不足,Water 等人(1996)在阅读广度测试中增加了可接受性判断任务。测试中一半句子的谓语动词需要搭配生命性主语。另一半句子中的谓语动词需要搭配非生命性主语。在不可接受句子中,主语和宾语被颠倒,例如:

It was the pillow that clenched the man.

被试需要默读句子,并对其进行可接受性判断,然后进行储存和加工测试。Waters 等人(2003)改进了测试项目的评分标准,测量了被试作出正确判断的平均反应时、判断错误的数量和回忆错误的数量,由此得出的工作记忆总分的重测信度高于 Daneman 等人(1980)[466]的阅读广度测试的工作记忆分数。阅读广度测试虽然几经改进,但仍然存在一些不足。该测试只考虑句子长度,没有考虑音节长度、句末单词的长度和词汇的具体或抽象特征(李晓媛,2009)。

为了证实领域一般性假设,Turner 等人(1989)[130]设计了运算广度测试,要求被试进行数学运算并记忆单词。在实验中,实验者首先向被试展示一个运算等式,例如:

$(4\times6)+1=25?$

等式左边有两个数字运算(分别是乘除运算和加减运算),右边是结果。运算中的数字在 1 至 10 之间。被试需要大声读出等式,并判断结果是否正确。然后,屏幕上快速呈现一个大写的英语单词,例如 STUDENT,被试需要将其大声读出,并在测试结束后按顺序回忆所读到的单词。测试包括 2 至 5 个运算组,每组有 3 轮。被试的成绩是他们正确回忆出的单词数量,对运算判断的正确率也被考虑在内。如果被试对运算判断的正确率低于 85%,其成绩被视为无效数据。Engle 等人为了避免被试因预测运算组的计算而采取一定的记忆策略,采用运算组随机呈现的方式。这种方法可以避免在工作记忆广度测试内部出现前摄干扰。

Case 等人(1982)使用计数广度测试任务来测试工作记忆,因为它的处理要求较低,而且可以对一些特定人群(如学龄儿童、病人、老年人和非本族语者)进行测量。该测试要求被试读出某种图形的数量,并对总数进行记忆。在 Conway 等人(2002)的计数广度测试中,实验者向被试展示不同数量的目标图形(深蓝色的圆形)和干扰图形(深蓝色的正方形和浅蓝色的圆形)。被试需要出声读出目标图形数、重复最后的总数(测试加工功能),并将其记住(测试储存功能)。

4.12　工作记忆在二语习得中的实证研究

本节借助知识图谱的方法回顾工作记忆在二语习得研究中的发展状况。基于 Kawasaki 等人(2006)与 Linck 等人(2014)的元分析方法,本节列出了当前二语习得领域中具有代表性的工作记忆研究,简述了关于工作记忆和二语习得特定领域之间各种关系的主要研究成果。

笔者以 Web of Science 数据库(WOS)中的相关文献为研究对象,综合运用 Citepace 5.7.R3 和 VosViewer 1.6.13 两种软件工具进行数据挖掘、科学计量、图谱绘制和信息解读,深入分析工作记忆的起源和发展进程,将工作记忆在二语研究方面的研究景象可视化。

WOS 数据库文献检索起点时间为 1980 年。笔者对 WOS 数据库进行关键词检索:关键词检索 TS=“working memory”OR“working memory capacity”AND “second language”OR“second language acquisition”OR“L2”,选择索引=SSCI - A&HCI,选择文献类型 = “Article” OR “Review” OR “meeting”,学科 = “linguistics”OR“language and linguistics”,最终获得了 3161 条文献。笔者从研究内容、研究焦点和研究前沿这 3 个方面对这些文献进行了综合分析和梳理。

在研究内容上，被引量大的文献往往提出的是一些关键性理论，沿着其引用线索和研究路径可以探寻到领域知识的研究起源和理论基础。根据图谱提供的关键节点及其线索导引可以发现：工作记忆模型从1974年提出以来受到语言学领域的极高关注。被引频次高的文献适时地回应了"什么是工作记忆模型""工作记忆的组成部分"及"工作记忆的测量"等一系列问题（见表4-1）。其中工作记忆测量是研究的焦点，学者们纷纷基于自己的研究背景和研究方向来阐释如何测量的问题。工作记忆的测量方法大致可分为三类：第一类是短期测试和长期测试。短期测试（储存测试）包括数字测试、单词测试、语音记忆（Baddeley，1998）和非词测试（Adams et al.，1995）。长期测试（加工测试）包括阅读广度测试（Daneman et al.，1980）、口语/听力广度测试（Mackey，2002）、操作测试（Turner et al.，1989）和数字回述测试（Kormos et al.，2008）。第二类是语言测试和非语言测试。语言测试要求句子或单词的参与，例如词汇测试、阅读广度测试。非语言测试要求非语言要素的参与，例如数字测试、计算测试或者视觉空间测试。第三类是母语和二语测试。根据语言表现，工作记忆可分为母语工作记忆和二语工作记忆。这些研究和思考在一定程度上解决了工作记忆测量问题，为进一步探索工作记忆在语言习得方面的影响奠定了重要的基础。

表4-1 WOS中有关工作记忆的经典文献（前10）

序号	文献	第一作者	年份
1	Working memory	Baddeley & Hitch	1974
2	Working memory: The multicomponent model	Baddeley & Logie	1999
3	Individual differences in working memory and reading	Daneman & Carpenter	1980
4	Representation, processing and working memory in a second language	Juffs	2004
5	Is non-word repetition a test of phonological memory or long-term knowledge? It all depends on the non-words	Gathercole	1995
6	Individual differences in second language proficiency: Working memory as language aptitude	Miyake & Friedman	1998
7	The real relationship between short-term memory and working memory	Coway et al.	1996

续表

序号	文献	第一作者	年份
8	Is working memory capacity task dependent?	Tuner & Engle	1998
9	Individual differences in working memory, noticing of interactional feedback and L2 development	Mackey et al.	2002
10	The phonological loop as a language learning device	Baddeley et al.	1998

Kawasaki等人(2006)、Linck等人(2014)和Wen(2016)通过元分析发现,二语习得领域的研究主要有欧洲和北美两个范式。在欧洲范式中,工作记忆研究侧重于词汇或语法;北美范式则侧重听、说、读、写技能中的其中一项。还有许多学者以第一语言习得的研究范式为基础对第二语言特异性学习的领域进行探索,特别是在注意、纠正反馈或重构方面(Mackey,2002;Révész,2014),例如有关工作记忆与第二语言程序化序列和搭配之间关系的研究和有关工作记忆和第二语言互动之间关系的研究。这些研究扩大了认知心理学和心理语言学中现有工作记忆研究的范围,为理解工作记忆这一重要的人类认知结构作出了重要贡献(Dekeyser et al.,2005;Wen,2015;Wen et al.,2019)。

在研究重点上,关键词是把握文献研究主题最直接的线索。笔者对关键词进行共现分析,通过对高频词进行归类,发现工作记忆在二语研究领域呈现四大聚类。

聚类一:句子加工研究

句子加工在工作记忆研究中是最受关注且长久不衰的话题。句子理解、加工速度和加工准确性是句子加工的核心。句子加工研究的主要内容在于读者是否会拒绝Wh-question这样长距离依赖关系不符合语法的句子,例如"What did you meet the politician who promised?"或者"Alex kissed Emma and her sister a smiled."这样的花园小径句,因为这类句子在阅读的时候很容易让人迷惑。目前,句子加工研究使用的方法是"移动窗口阅读"(self-paced reading)。移动窗口阅读技术通过监测读者的反应时和准确率等数据来判断读者在阅读这类句子时反应速度或者准确率是否会发生变化。除了处理这种复杂句式以外,移动窗口阅读技术还可以检测字形或者字义方面的个体差异,有研究表明,工作记忆能力强的测试者会花费更多注意力去学习字形并同时处理字形和字义(Fordor,1998),而工作记忆能力弱的测试者只能关注到字义，忽略了字形的学习（Vanpatten，2004）。指称加工研究也是移动窗口阅读技术测试的重要对象，Rodríguez-Villagra 等人（2013）的研究发现工作记忆与指称回指有关。当前，更多的新技术运用到了工作记忆的研究当中，例如眼动技术、ERP 技术等，这些新技术的使用为工作记忆的研究提供了更多思路和方法。

聚类二：语音短期记忆研究

语音对于语言学习和使用非常重要，语音记忆也是工作记忆早期研究的重点。在 Baddeley 与 Hitch 的工作记忆模型中，语音记忆通过语音回路暂时加工、存储熟悉的或者新的语音信息。Gathercole 等人（1999）证明了语音记忆是词汇发展的预测因素，他们使用了非词测试，发现在儿童学习语言的早期，语音记忆不仅在熟悉词语的记忆方面上具有强大的影响力，而且在学习新的词语上也发挥着重要作用。除此之外，Adams 等人（1995）同样发现语音记忆和口语发展有着密切联系，语音记忆能力强的儿童能够说出更加复杂、叙述性更强的话语。语音记忆不但影响儿童或成人母语的学习，还强烈影响着二语词汇的学习。随着时间的推移，关于语音记忆影响的研究慢慢地从词汇向语法、口语表现（Ellis et al.，1996）和语言能力（Sawyer et al.，2001）方面发展。

聚类三：产出研究

Mackey 等人（2010）最早考察了工作记忆在教学中人际互动之间的作用。课堂中的人际互动被视为必要条件，可以帮助学习者注意到他们想表达的意思和用合适的词或者形式进行表达这一能力之间的差距。通过产出和协商引发的自我修正的注意是学习语言的动力。Mackey 认为工作记忆和注意力高度相关，所以工作记忆能力强的学习者会在口语产出上花更长的时间思考他们的表达，同时会和现存的知识进行对比，而工作记忆能力弱的学习者却没有这样的行为。除此之外，O'Brien 等人（2008）发现了语音记忆和口语流利度之间的关系。他们使用非词重复测试，发现在西班牙语的口语流利度上，工作记忆发挥着重要作用。

聚类四：工作记忆的本质属性

工作记忆是个体自带的稳定特征还是动态的加工机制，这一问题一直备受争论。特征论认为，由于工作记忆和语言能力关系紧密，二语学习中工作记忆像其他特征一样存在，例如为二语能力发展作出贡献的语音特征（Richard，2005；

Kormos et al.,2008)。但是,在实践中,研究者发现随着经历的增加,工作记忆也会发生变化,即经历和工作记忆有着较强的相关性(Van den Noort et al.,2008)。这一结果说明,工作记忆是动态的结构体,反映着个体的知识结构和经历,而不是静态的个体特征。

从语音记忆、句子加工、口语能力到工作记忆本质,学者们为工作记忆的研究提供了系统的理论和框架,明确了测量方法,为工作记忆二语研究提供了理论和实证的经验。

研究前沿是通过辨识研究热点来把握研究的动态本质。探测研究前沿发展趋势可以利用 Citespace 软件的突变探测功能。短期内被引频次迅速攀升的文献和出现频次迅速增加的关键词,突变值都比较高,这在很大程度上揭示了学者们关注焦点的变化。图 4-2 列出了被引频次激增的 25 篇文献,图 4-3 列出了被引频次激增的 25 个关键词。图中标识了突变的起止年份,粗线条展现了激增持续的时间段,从中可见研究热点的更替,这也有助于探测下一阶段学术界关注的前沿问题。

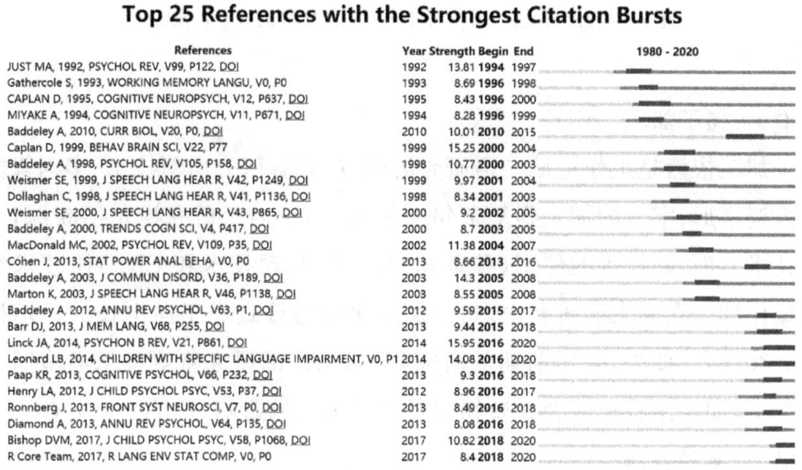

图 4-2　工组记忆研究中被引频次激增的 25 篇文献

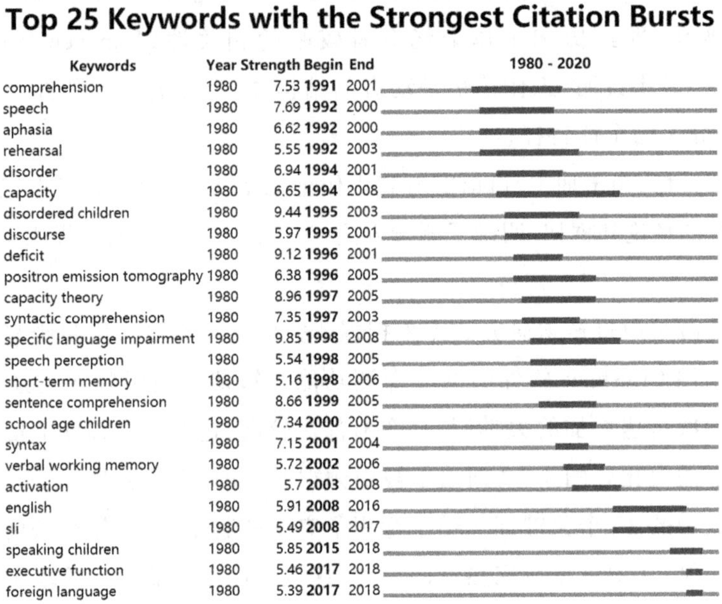

图 4-3 工作记忆研究中被引频次激增的 25 个关键词

前沿一:句子加工

句子加工依然是工作记忆二语研究的热点,并且研究向新技术、多因素方向发展。从强调字形、字义的加工到复杂句的加工,句子加工研究视角不断深化拓展。在测量技术方面,新技术的使用(移动窗口阅读、眼动技术和 ERP)使技术实施更具有可操作性。在未来的研究中,句子加工研究应该致力于向更长的语篇研究发展(Wen,2016)。此外,基于前期的研究积累,未来的研究将更多思考多因素影响的句子加工,如语用特征或者先验知识对句子加工的影响(Juff et al.,2011)。

前沿二:测量方法

测量方法的推进让工作记忆二语研究得到实质性的发展。阅读测试、听力测试和语音测试在前期文献中都是强有力的预测变量(Sunderman et al.,2009;Sagarra,2007)。口语测试(Weissheimer et al.,2009)、补充句子完整(Abu-Rabia,2001)等新的研究测试或者改善反应时的测量方式(Walter,2004)等也有助于探索工作记忆在二语发展中的作用。但是 Tavares 等人(2016)提出,工作记忆使用文字方式进行加工储存的测试(例如阅读测试)实际上测量的是二语能力,不是工作记忆容量。Mitchell 等人提出使用独立于语言之外的测试可能是一种更准确反应工作记忆容量的方式。除此之外，工作记忆在测量方法上的不一致导致实验结果无法比较，这同样受到学者诟病。Wen(2016)提出了工作记忆综合框架，将语音和执行功能综合在同一模型中对不同水平的学习者分别进行测量，这或许为解决上述问题提供了新的方向。

前沿三：语音记忆和词汇学习

语音记忆在语言学习中发挥着重要作用，尤其是在一语儿童词汇发展的研究中。但对于二语习得，前期研究发现语音记忆和短期记忆完全不同，对于语言能力较弱的学习者，语音记忆在二语习得中的作用比在一语中更强(Kormos et al.,2008)，同时一些研究表明，短期记忆和词汇学习之间没有联系。O'Brien(2008)的研究表明，对于学习能力强的人来说，词汇学习和语音记忆没有联系。语音记忆中仍存在的疑问是，语音短期记忆在词汇发展中的效果是否与发展系统中的长期知识互相影响。

4.13 二语习得研究领域中的工作记忆述评

尽管工作记忆和二语习得有着密切的联系，但当前的研究仍存在一些局限性，这引起了二语习得研究者(包括认知心理学家)的关注。

第一个也是最重要的方面是二语习得文献中概念的交叉使用，特别是一些有关工作记忆和二语习得的研究扩大了相关术语的使用范围，比如用“工作记忆”来表示几个不同的事物，或者表示同一结构的不同功能或构件(例如语音环和执行功能)。当这些研究的结果和发现被应用到工作记忆效应的荟萃分析中时，便会产生理解困难(Kawasaki et al.,2006;Linck et al.,2014)。

“工作记忆”及其相关术语使用的不统一可能导致方法上的错误。比如一些工作记忆和二语习得研究将二语学习者的语音工作记忆和情绪工作记忆分数合并成一个所谓的标准化工作记忆“Z 分数”来进行统计分析(Mackey et al.,2002;Sagarra,2007;Winke,2005)，这种做法是不恰当的。首先，这种综合后的分数是工作记忆结构的多构件与功能的分数，并不能代表工作记忆。其次，这种综合后的分数可能模糊或混淆两个工作记忆(语音工作记忆和情绪工作记忆)对特定二语习得过程的独特贡献(或约束)。或者说，强大的语音工作记忆不一定意味着强大的情绪工作记忆。最后，这种方法在认知心理学研究中并不常见。出于这样的原因，目前研究的当务之急是要对工作记忆进行更加清晰和精确的区分，以区别二语习得中工作记忆的多个成分和功能(尤其是语音环和执行功能)。

如果这类问题涉及概念层面上理论分类的混淆，那么另一类问题则与方法论混淆有关。大部分工作记忆和二语习得的研究都会在工作记忆测量的领域特殊性与领域普遍性中进行抉择(Chan et al.,2011;Skehan,2016)，但是这种二分法较为片面(Dekeyser et al.,2005;Juffs et al.,2011;Wen et al.,2017)，二语习得研究者有时需要在大量的由认知心理学研究者开发的工作记忆测量方法中进行选择。

工作记忆前期研究发现，二语习得研究者在研究语音工作记忆的时候更倾向使用简单记忆广度任务，如数字广度、单词广度、非词识别广度和非词重复广度等任务。在研究工作记忆执行功能的时候，研究者更倾向采用复杂的记忆广度任务来评估工作记忆，如阅读广度、执行广度和计数广度。此外，有些研究者还使用(向后)数字跨度来评估工作记忆中的执行功能(Brunfaut et al.,2015;Kormos et al.,2008)。但是当前的最大问题是工作记忆测量和评分程序有许多不一致，因此在比较和解释结果时存在困难和限制(Gass et al.,2011;Mackey et al.,2015;Linck et al.,2014;Wen,2015)。

第二个方面是工作记忆测量的评分程序过于复杂。认知心理学文献中关于工作记忆的计算方法主要有两种(Conway et al.,2005;Miyake,2001):一种是“设定最高值”，参加者如果正确地完成设定中的所有项目，就获得全部分数;另一种是“总成绩分数”，该方法是对参加者成功回忆的所有项目进行评分。然而，这两种评分方法的优点和缺点在前期研究中都没有明确说明。鉴于这一问题，为二语习得研究人员制定更标准化的程序很有必要，这能够方便研究者选择合适的工作记忆测量任务。

第三个方面与研究目标和研究设计有关。目前，二语习得领域有关工作记忆的大部分研究主要集中在工作记忆和二语习得之间的联系，即针对工作记忆的主效应，忽略了工作记忆的其他因素可能产生的交互效应，比如第二语言的熟练程度这一内部因素(Mackey et al.,2015)和任务完成的计划时间这一外部因素(Hudjetz et al.,2007)之间的交互效应，这些效应也应当包含在研究问题或研究设计中(Linck et al.,2015)。

此外，目前大部分工作记忆和二语习得的研究均采用“相关设计”来关联研究目标(工作记忆的主效应),但这种关联不等于因果关系(McLaughin,1995;Miyake et al.,2000)。尽管“相关设计”有助于建立工作记忆和二语习得之间的初始联系,但这样的相关性并不能从工作记忆的角度加深对二语习得过程的理解,也不能对二语习得过程中的理解提供更有力的解释,这些都需要研究者在研究设计中仔细考虑。

另外,由于许多工作记忆和二语习得研究过于依赖认知心理学中现有的单语工作记忆研究范式,二语习得研究的具体情况和独特性没有被充分考虑(Wen,2015)。与一语学习不同,二语学习大脑中有两种语言系统。忽略这一关键差异会使研究观点过于片面(Grosjean et al.,2013)。因此,研究者应从工作记忆和二语习得的双重视角进行研究,这样才能更有效地解决相关研究问题。

第 5 章

二语阅读理论模型与假设

5.1 二语阅读全景模型

为了系统剖析研究主题，本书充分运用母语迁移、二语水平和工作记忆已有的研究成果构建了一个主要包括二语阅读效果、二语的语言水平、母语迁移和工作记忆的全景模型，并运用实证的方法对其进行统计检验。

5.1.1 母语阅读、二语水平与文本理解

Alderson 曾经提出“二语阅读是阅读问题还是语言问题”这一疑问，受到了研究者的广泛关注，不同的研究者对这个问题阐释了自己看法。有研究者认为二语学习者在进行二语阅读的时候，应尽可能用目标语思维来理解内容，从这一方面来说，阅读障碍更像是阅读能力不足带来的问题。也有学者提出，翻译等转换成母语来处理的方法会对语言学习带来不利的影响(Upton et al.,1998)，但是 Cohen 等人(1998)认为这只是一个“基于直觉的假设”。有研究表明，像心智翻译等转换成母语的处理方法在外语写作(王文宇 等,2002)和外语阅读(Kern,1994;Hawras,1996)中的确能帮助学习者解决写作和阅读中的难题，从而提高写作和阅读理解水平。Vygotsky(1987)基于社会语言文化论提出思维和语言不能被当作“两个互不相关，要么平行，要么在某一点相交并且机械地相互影响的过程”，思维和语言应该是相互作用的，没有语言，更高一级的思维也不可能产生。他注意到一个词的意思代表了思维和语言的密切结合，所以不可能把意思仅仅归为思维或语言的产物，而应该将其视为二者“联姻”的结果。

还有一些研究者提出了“内部言语”(inner speech)的概念。对个人来说，这是

一种内化的语言，与同别人交流的社会性的外部言语相对。社会文化理论将“内部言语”视为思维的基础，因此母语可以非常自然地作为思维工具帮助学习者思考所读二语文章的结构、内容，并理解其意义(Diaz et al.,1992;Lantolf et al.,1994)。Vilhauer(2016)研究了内部言语对阅读的影响，发现内部言语作为思维工具不但能帮助读者进行思考，还可以控制读者的阅读速度和情绪。对于读者来说，内部言语虽然更像是侵入性的思想(Moritz et al.,2008)，但母语作为内部言语是可控的。

Kern(1994)随后提出了“心智翻译”(mental translation)，它与Vygotsky提出的“内部言语”相似，即“在阅读二语材料的过程中对二语单词、短语或者句子用母语形式进行的心智再处理”。Kern的研究表明，学习者不仅经常使用翻译作为策略来理解阅读材料，而且“在二语阅读过程中的心智翻译还可以用于文本的产生和意义的保留”(Kern,1994)[445]。他还发现二语阅读者经常使用心智翻译对理解过程中的特定困难作出反应，比如对不熟悉的词和结构等。Hawras的一个重复性实验支持了Kern的结论。Hawras(1996)[99]认为，对初级语言学习者来说，“心智翻译不仅是主要的理解工具，而且是唯一能支配的理解工具”。这一观点也强调了心智翻译在二语早期习得阶段的重要性。

Cook(1992)[559]也认为二语学习者在学习二语的时候都会让自己的母语介入二语，而且会将母语当作二语学习的帮手。Cook因此建议在二语课堂中教师不应该将二语与母语割裂开来，这也证明了“心智翻译”和“内部言语”的存在。

近些年，Williams(1994)提出了“跨语言”的概念，强调一种语言在另一种语言发展中的作用。他反对在学习二语的时候割裂母语的做法，并认为学习者的母语有助于二语的学习。他主张“使用母语来加强另一种语言的学习，以增强对第二语言的理解，同时提高学生切换两种语言的能力”(Williams,2012)[1206]。研究者反对将语言视为独立的个体(Jaspers et al.,2016)，主张所有的语言都具有统一的机制(García et al.,2014)。

在有关二语学习者阅读理解的研究中，跨语言的概念对二语教学法产生了重要的影响(Lewis et al.,2012)[660]。以跨语言理论为指导的教学法建议在学习第二语言的时候，学习者可以利用母语资源帮助其学习二语，解决学习中遇到的困难(Dahlberg,2017)，例如在文本中必要的地方用母语注释辅助文本理解(Martin et al.,2012)[212]；学习者在课堂中使用母语与同伴协作、讨论和交流(Kwon et al.,2016)；教师在课堂中同步或交替使用双语指令(Palmer et al.,2014)，以及使用母语解释文本中的语法和词汇项(Vaish,2019)。

上述分析表明，在二语阅读中，读者会潜意识地使用母语来协助二语阅读理解，解决二语阅读中遇到的困难。在这个过程中，读者的母语阅读能力也会迁移到二语阅读中。阅读的普遍性假设指出，阅读能力具有共享性，母语阅读能力会自然地迁移到二语阅读中，因此，熟练的母语阅读者在二语阅读中也表现优秀(Goodman，1973；Coady，1979；Cummins，1979)。但是语言阈值假设指出，要能有效地将阅读技能从母语迁移至二语，读者的二语水平必须达一定阈值，否则二语知识的缺乏将会造成阅读理解障碍(Clarke，1980)[205]，而一旦达到这一阈值，迁移就会发生，母语和二语阅读之间的相关性也随之变得显著，并随着二语水平的提高而增加(Pichette et al.，2003)，所以二语水平是造成阅读障碍和迁移现象发生的主要因素。因此，当前二语阅读存在的问题主要是由阅读能力和语言水平共同造成的，不能将二者割裂开来或分别检验其对二语的影响，这样势必阻碍对二语阅读问题的全面理解。另外，二语阅读的研究通常是在同源语中进行的，针对非同源语的研究非常少，同源语中二语阅读研究的结论也无法在非同源语中应用。因此，本书认为，二语阅读不是单一的语言事件，二语读者具有的母语“通道”(access)总是开放的，经常被用来协助二语文本理解，并且受到二语水平的影响(如图 5 - 1 所示)。

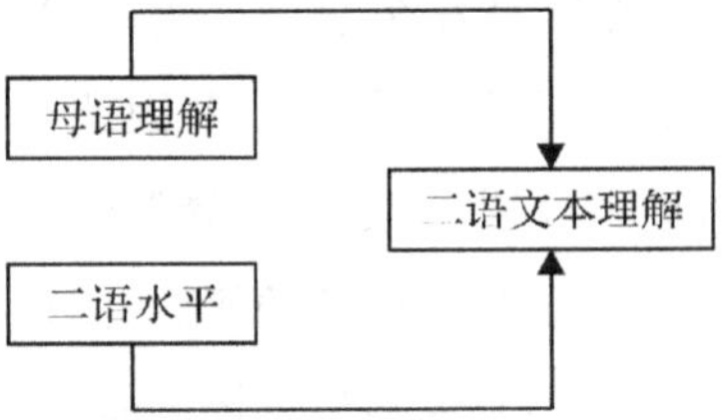

图 5 - 1　母语理解、二语水平与二语文本理解的关系图

5.1.2　工作记忆与文本理解

二语阅读的研究者和学习者都发现，即便如二语阅读技能迁移假说所言，学习者的二语水平远远超出了一定水平，也具有母语的阅读能力，其二语阅读理解仍有别于母语阅读理解，比如二语阅读速度慢、效率低等。这样的差异可以用二语句子加工和文本推理的特点来解释。

首先，二语句子的加工方式不同于母语句子的加工方式，Clahsen 等人(2006)[110]将二者的差异概括为四点：①二语学习者在对不同信息源进行融合时往往存在困难，而母语者却能快速融合词汇、篇章、韵律和结构等各种信息，这反映了二语学习者与母语者的语言加工系统存在本质区别，也说明二语学习者在二语加工过程中的认知局限性，例如工作记忆能量不足等；②二语学习者的二语理解速度比母语慢，其自动化程度不够；③二语学习者的母语属性可能影响对二语的加工；④二语学习者可能只是部分地利用母语者可利用的语言加工机制。二语学习者在语言加工的过程中更多依赖词汇记忆体统，而不像母语者那样，能够同时使用词汇记忆系统和程序记忆系统。所以对于二语学习者来说，他们对二语句子的理解要比母语者更加肤浅、缺乏细节，这也很好地解释了为什么二语理解的加工比母语更缺乏效率。

Clahsen 等人对母语和二语之间加工差异的总结也在工作记忆中得到了印证。Skehan“经典信息加工”的观点强调了母语和二语之间的根本差异在于认知中的中心角色设定。Skehan(2016)[35]以输入加工为例，证明在同等条件下，工作记忆能量大的学习者在二语学习中会更有优势，因为他们能够更深入地分析输入的信息，注意和识别信息之间的差异，同时将有用的信息保留在长时记忆中。

Daneman 等人(1980)[466]提出了工作记忆具有储存和加工双重功能，认为有限的系统资源必须为这双重任务同时提供“燃料”。这意味着在文本理解过程中，工作记忆系统既要储存如语言输入等成分，又要同时在加工过程中传输语义和激活信息，和母语比起来，二语在储存和加工中会消耗更多工作记忆能量，所以如果工作记忆能量太小而无法达到这双重任务要求的时候，理解就会出现问题。

Engle(2002)的注意控制论提出注意性控制是工作记忆机制的核心功能。注意控制的目标是激活相关信息并忽略无关信息。注意控制的 3 个功能是阻止与理解无关的信息进入工作记忆、删除渗透进工作记忆的无关信息、评估输入和输出信息。这些功能强化了有关信息、抑制了无关信息，加强了二语阅读中的心理表征构建与管理。

其次，文本理解是一个复杂的认知心理过程，是理解建构书面材料中单词和短语的意义，以及文本内信息和读者先验知识之间的关系。读者的先验知识对文本理解起着重要作用，如单词知识既帮助它的解码，也对理解加工作出贡献(Perfetti,1985)。但是，文本理解不能局限于理解文本里作者明确表述的内容，还必须包括文内隐含信息，即作者假定读者能够“演算”出因而未明确表述的内容(Davoudi,2005)[436]。读者超越作者在文本里明确表述信息的范围、运用已有知识对隐含信息进行理解就是阅读推理过程。

文本理解和工作记忆关系密切，工作记忆有助于解释读者、文本和情境之间的复杂关系。在情境模型（Kintsch，1998）[164]中，文本理解有两个过程：建构和整合。建构是将当前输入的信息和背景信息进行激活，并将其联结在概念网络中。整合是指激活的信息在概念网络中持续传播，直到信息稳定下来。阅读结束时，文本内容构建成完整的心理表征。建构整合模型（Gernsbacher，1991）[1346]包含构建、映射和转移3个过程，即与当前内容相关的信息得到激活和强化，不相关的信息则被阻止或者转移，从而构建新的心理表征。共振模型（Myers et al.，1998）则假设工作记忆中的内容为记忆的信号，与信号相关的信息被激活；如果信息与工作记忆中重复的内容达到一定的数量，信息之间会产生共鸣。事件索引模型（Zwaan et al.，1995）阐释了文本理解的5个维度：时间、空间、因果、动机和更新。文本理解按照这5个维度进行构建。因果模型（Trabasso et al.，1989）解释读者在阅读过程中如何构建前后信息的因果关系。建构框架（Grasser et al.，1994）解释阅读中的推理过程，认为阅读是在自上而下的阅读过程中建立起来的意义表征。景观模型（Van den Broek et al.，1999）模拟了阅读中概念激活的过程，该模型与结构建造模型相似，包括激活和检索两个机制：当一个概念被激活，其他与之相关的信息也被激活，同时检索文本内容与读者的连贯性标准是否一致。

综上所述，母语与二语阅读的句子加工存在差异，这些差异可以归因于工作记忆不同的加工机制。因此，二语文本理解也会受到工作记忆的影响（如图5-2所示）。

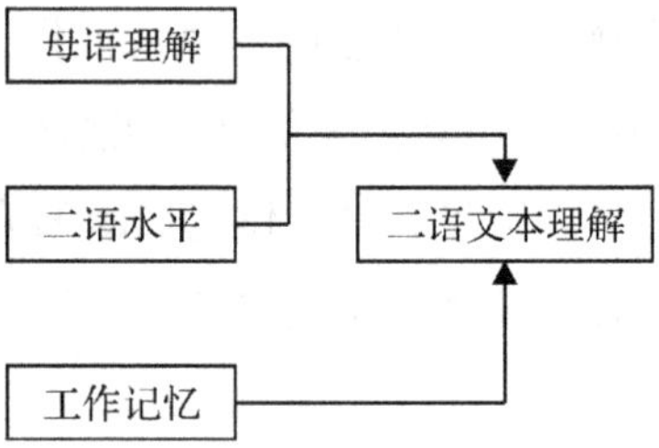

图5-2 母语理解、二语水平、工作记忆与文本理解的关系图

5.2 信息控制与文本理解

抑制是语言理解中一种重要的认知加工机制，它调节着人的认知和行为，是工作记忆中的功能（Altemeier et al.，2008；Jared et al.，2013）。资源限制模型提出认知资源是有限的，所以提升理解能力最有效的方法就是提高个体的抑制效率。抑制下降

理论认为抑制功能就是禁止无关信息进入工作记忆来干扰信息加工，包括访问、删除和限制三种功能。这三种功能共同作用，协调工作记忆中的认知表征(Hasher et al., 1999)。具体而言，抑制可以将工作记忆的访问限制为与任务相关的信息，从而防止与任务无关的信息进行干扰。如果信息在工作记忆中变得不再相关，抑制功能则将这些信息从工作记忆缓冲区中删除，从而使相关信息占主导地位。鉴于上述的观点，Chiappe 等人(2000)认为，抑制中的限制功能可以用来解释文本和语言中的错误。

抑制机能除了与工作记忆有着密切的联系，对于阅读理解来说也非常重要，因为它能排除无关信息的影响，减轻注意力的负担(Christopher et al., 2012; Hasher et al., 1999)。阅读中的抑制机能也受到读者阅读能力的影响。阅读能力强的读者能花费更少的时间删除无关的信息，并限制无关的信息占据主导地位(De Magistri, 2014)[345]。阅读能力弱的读者在信息检索时无法控制无关信息。这说明阅读能力弱的读者在阅读的时候会将相关和无关信息一同激活，使更多无关的信息保留在工作记忆中，占用工作记忆空间；而阅读能力强的读者能够更有效地利用这些资源来维护工作记忆中的相关信息。在另一项研究中，McVay 等人(2012)[526]研究了工作记忆与阅读理解之间的关系，认为抑制任务的表现(注意力控制)可以解释工作记忆与阅读理解方面的表现。McVay 等人发现，注意力控制对阅读理解有显著贡献，尤其是在竞争性信息方面，例如模棱两可的同音异义词或同形异义词会引起读者的注意。阅读能力强的读者可能不太受竞争信息的影响，而阅读能力弱的读者受的影响比较大，这导致无关信息争夺读者的有限注意力。

叙述文本(例如外语故事)的阅读是一种有效的沟通形式，它广泛出现在广告娱乐、政治活动和科学研究等领域(Moyer-Gusé, 2008; Chang, 2009)。学界认为，通过阅读故事这一认知心理过程，参加者能分享信息、触动情感、激发行为、塑造文化身份、改变对世界的认识(Dahlstrom, 2010)。同时，故事阅读也是外语阅读最常见的形式之一，在二语习得中扮演着重要角色。故事阅读一方面有助于缩小母语和外语学习环境之间的差异，为学习者提供良好的外语语境；另一方面它也为外语写作提供可借鉴的素材(Elley et al., 1983)。

已有研究表明，读者在理解过程中会对故事内容建立一个情境模型(Kintsch, 1998)[164]，它包括故事角色、角色目标、为实现目标而开展的活动、遇到的障碍、人物冲突等(Graesser et al., 1994)。读者通过明示或者推理建立事件之间的因果关联，而厘清故事内存在的因果关联也是故事理解中最为关键的一环(Linderholm et al., 2014)。

研究发现，阅读者主要通过对故事角色和角色目标保持关注来对因果关联进行认知加工(Gernsbacher et al.，1990)。然而，故事往往涉及多个不断变化的角色和角色目标，读者为了能够成功完成理解加工，需要强化相关信息的激活程度，加强其在心理表征中的记忆痕迹。抑制则削弱无关信息的激活，减弱其在心理表征中的可介入性。

综上所述，协助工作记忆发挥作用的抑制功能在二语阅读中同样发挥着重要作用，特别是在叙述性文本中。因为抑制功能通过帮助读者控制无关信息来协助阅读理解顺利完成。抑制可以使读者主动抵制环境或话语情境中无关信息的影响，防止这些信息进入工作记忆干扰理解。同时，抑制可以防止在阅读理解过程中(特别是阅读叙述类文本过程中)无关信息在工作记忆中的激活。在叙述性文本中会出现多个不断变化的角色，读者为了能够成功获取故事内容，需要加强相关信息在心理表征中的记忆痕迹，同时减弱无关信息在心理表征中的可介入性。总之，抑制功能允许更多相关信息被激活，并防止工作记忆系统因过多的无关信息而负担过重，阻碍对文本内容的理解。因此，本书认为外语故事文本理解需要抑制干扰角色或信息进入工作记忆，减轻阅读中的认知负担，协助阅读顺利完成。工作记忆、信息抑制与文本理解的关系如图 5-3 所示。

图 5-3　工作记忆、信息抑制与文本理解关系图

综合上述理论，本书构建了二语文本理解的总框架——二语阅读全景框架图(如图 5-4 所示)。

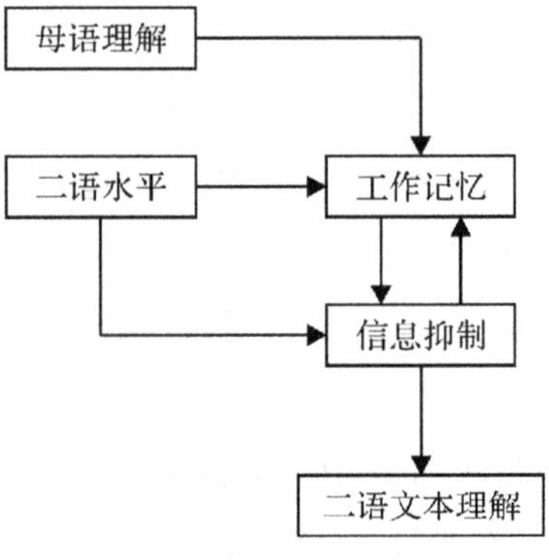

图 5-4　二语阅读全景框架图

第 6 章

研究方法

6.1 移动窗口技术在二语研究中的应用

20 世纪 80 年代中期，研究者开始对成年二语学习者如何加工非母语句子产生了兴趣(Gass et al.,1989;Musumeci,1989;Vanpatten,1984)。在研究中，大多数句子的处理都是使用纸笔问卷离线加工方式，在参加者听到或阅读完整句之后将获得的信息收集起来。自 Clahsen 等学者在 2006 年发表了《二语学习者的语法加工》这篇文章之后，在线句子加工研究受到二语研究领域的学者广泛的关注。与离线加工方法不同，用在线方法收集句子信息是让参加者实时读取每个单词或短语，即反映参加者"即时"加工语言的状态。由于数据是在句子中每个单词或短语被感知时收集的，研究人员可以检查句子中的精确点，获悉这些位置被感知的确切时刻发生了什么。此外，由于在线方法能够实时测量参加者如何解读信息(interpretation)，研究者认为在线方法能够挖掘参加者的语言隐性知识。也就是说，在线方法能最大限度地减少显性知识的使用，在有限的时间内使参加者运用潜意识(conscious)解决语言问题。然而，在线方法的优势只能在合理的研究设计中体现。在实际研究中，测试句子随机化产生的不当呈现问题或者理解问题设计不合理都可能暴露研究目的，所以在进行在线句子加工设计的时候应该保持合理、谨慎的设计原则。

移动窗口是在线测试中最重要的技术。二语习得研究领域已获得许多相关方面的经验，但仍存在一些缺陷。本章结合二语研究中的问题，对移动窗口技术进行简要的介绍。

6.1.1 移动窗口阅读的概念

移动窗口阅读又称自定步速阅读，参加者需要在一定的时间内阅读某个词或者某个片段，然后按下指定按钮，图片从视线中消失，软件记录下参加者读取每个片段所需要的时间。移动窗口阅读技术通常会涉及三种研究范式：不规则检测(anomaly detection)、模糊解决方案(ambiguity resolution)和句法依存性形成(syntactic dependency formation)。每一种范式都包括实验条件和控制条件。实验条件使用带有测试项的句子，控制条件使用具有同样句式的正常句。

6.1.2 移动窗口阅读研究设计的基本要素

在句子加工实验中，句子设计是最常考虑的因素。大多数实验范式包括一个或两个独立变量，每个变量有两个(甚至更多)水平。例如，一个基本的异常语言现象检测实验通常包括语法这个独立的变量，这一变量包含两个条件，即语法正确和语法错误。以英语主谓一致性为例，为了测试参加者是否对主谓一致具有敏感性，研究者需要设计语法正确句和语法错误句两种句式，比如：

Mike and Mary live in hotel. /Every day, students walk to cafeteria on campus. (语法正确句)

Mr. Smith park his car the street. /It is great that Sunny bake pizza on the weekend. (语法错误句)

在比较两组句子的动词加工时，研究者发现这项研究的结果很难解释，因为人称和动词的曲折变化并不是这两组句子的唯一区别。除了词语差异，两组句子的区别还在于语法错误句中动词的频率和位置不同于语法正确句。

为了排除其他因素的干扰，心理语言学家创造出一种句式，这种句式被称为测试句(item)，作为因变量出现在每个实验条件下。例如在主谓一致实验中，测试句可设计如下：

测试句 1：1a. The student plays football on campus.

1b. The student play football on campus. *

测试句包括两种句子，反映了所检测自变量的两个条件，即语法正确和语法错误。这两种句子在词汇上是匹配的，也就是说，它们包含同样的词，唯一的区别在于主语和动词之间的人称一致性。像1a和1b这样成对的句子被称为双重实验句(experimental doublets)。

测试句的种类取决于实验自变量的数量和每个自变量包含的条件。例如,在平衡研究中,英语主谓一致不仅需要测试主语是单数的情况(如测试句1中的主语),还需要测试主语为复数的情况。这意味着除了语法条件,实验还需要第二个变量——主语的单复数。这样,测试句就会有4个版本,包含语法(语法正确/语法错误)和主语(单数/复数)两个条件:

测试句2:2a. The student plays football on campus.(单数,语法正确)

2b. The student play football on campus. *(单数,语法错误)

2c. The students play football on campus.(复数,语法正确)

2d. The students plays football on campus. *(复数,语法错误)

测试句2描述了一个实验四元组:2a和2b测试的是当主语是单数时,语法是否符合单数名词主谓一致性;2c和2d测试的是当主语是复数时,语法是否符合复数名词主谓一致性。这种设计通常被称为2×2的设计。大多数加工研究设计最多采用两个独立变量,每个独立变量有两个条件。

6.1.3 测试句内在一致性原则

测试句1和测试句2都保持内部一致性。这种一致性首先体现在每个实验句子都会有目标区域或关键区域,并在每组句子中尽可能保持一致性,例如动词(play/plays)。另外,动词后面的单词(football on campus)也应该一样,因为句子中关键区域的处理经常持续进行,或者溢出(spill over)到紧挨着关键区域的单词上。这种现象被称为溢出效应(spillover effect)(Rayner et al.,1986),紧挨着关键区的区域被称为溢出区域(spillover region)。在一些句子的加工研究中(包括对单语者的研究),测试变量的加工效果首先出现在溢出区域,因此溢出区域的设计与关键区域的设计同等重要。同样,关键区域之前的区域应该尽可能在每种条件下保持一致,因为这些区域很容易引起关键区域加工困难的现象。例如,Wagers等人(2009)进行的一项研究发现,当主语是复数时,紧跟在主语名词后面的副词需要花费更长的时间来阅读:

测试句3:The old keys unsurprisingly were ...

副词的出现导致本应该发生在关键动词上的溢出效应没有出现，这将使结果难以解释。

除了在测试句中建立内部一致性，在研究中保持所有实验句的一致性也同样重要，尤其是关键区域和溢出区域。例如，在主谓一致性研究中，关键动词应该出现在每个测试句中相同的位置，并且在可能的范围内保持长度（即字符或音节的数量）和频率相似，这是因为较长的单词或者出现频率较低的单词比较短的单词或出现频繁较高的单词读取时间长。同样，目标动词前的主语（通常为名词）在长度和频率上也应该保持相似。此外，组成溢出区域的单词应该尽可能相似。比如在主谓一致性研究中，理想的设计是关键区域在每个测试句中都保持一致，例如 in the。如果无法保持一致，替换词应该具有相同的语法类别和长度，例如 at the、by the、on the 等。在测试二语学习者的目标语知识时，这一点尤为重要（Keating et al.,2015）。

6.1.4 规范性（模糊解决方案）句子设计

在大多数不规则检测研究中（例如主谓不一致），测试句通常容易使对照句产生预期效果。因此研究者会采用规范性（模糊解决方案）的范式进行实验设计，通常涉及词汇、语义和语用等语言要素。在规范性研究中，研究者要求一些参加者（这些参加者不参加主要实验）使用心理测量量表（通常是 3 级、5 级或 7 级的李克特量表）给句子打分或评级，然后将句子的分数进行平均，选出合适的测试句。如果这些句子与计划用于主要研究的句子的测试项相同，则采用；如果不同则进行修正，并且对来自相同群体的一组新参加者进行第二次测试。

规范性研究在二语加工领域中应用广泛。例如 Roberts 等人（2011）研究了主宾模糊句（即花园小径句），在实验中对测试句中的刺激区域进行了配对设计：

测试句 4：4a. While the band played the song pleased all the customers.

4b. While the band played the beer pleased all the customers.

在测试句 4a 中，关键名词 song 是动词的直接宾语，而在测试句 4b 中关键名词 beer 则不是。为了检测测试句 4b 不如测试句 4a 合理，Roberts 等人进行了一个离线合理性评估问卷调查，评估范围从 1（非常合理）到 7（非常不合理），结果发现两种条件之间存在显著差异。因此，Roberts 等人建议研究者在句子设计的时候应尽量保持测试句与对照句配对，避免对被试产生不必要的干扰。

6.1.5　测试句的数量

在研究设计中，测试句的数量是一个重要的考虑因素。就在线方法而言，一些数据会由于参加者的错误或参加者注意力不集中而丢失。此外，在进行统计分析之前必须删除异常值(例如 2.5 个标准差之外的数据)。在移动窗口阅读中，研究人员一般会丢失 8.15％的采集数据(Morgan-Short，2014)。在句子加工研究中，参加者阅读同一组测试句很容易产生重复效应(repetition effects)，这会使参加者以一种不自然的方式阅读测试句，要么读得很快，要么读得很慢，因为之前已经见过这些句子。

为了降低这种影响，研究人员将测试句分为不同的序列(list)，参加者在实验中只读其中一个序列。每个序列包含数据相同的测试句，且测试句的数量是相等的，例如在之前的测试句 1 中，就要准备两个版本的序列；在测试句 2 中，就要准备 4 个版本的序列。在实验中，这些版本的序列轮换交替呈现，这样的做法被称为"均衡"(counter-balance)。例如在主谓一致研究中，研究者设计了两个版本的序列，其中 a 为语法正确，b 为语法错误：

list 1(序列 1)：1a，2b，3a，4b，5a，6b，etc.

list 2(序列 2)：1b，2a，3b，4a，5b，6a，etc.

Morgan-Short(2014)建议测试者将每种条件下测试句的数量保持在 8 至 12 个，因为在数据分析中会有一定的损耗，所以至少要保证每种条件下有 6 至 10 个测试句是有效的。若测试变量包含两种条件(如测试句 1)，建议设计 16 至 24 个测试句；若测试变量包含四种条件(如测试句 2)，建议设计 32 至 48 个测试句。

6.1.6　测试句表述原则

在一些研究中，测试句的表述也可能出现偏差。例如，在讨论双重实验句时，研究者在文章中经常这样表述，例如：

> 我们测试了 24 个符合语法的句子(例如 a)，和 24 个不符合语法的句子(例如 b)，总共有 48 个测试句子。
>
> a. The student studies in the library on campus.
>
> b. The student study in the library on campus＊.

a 和 b 实际是同一种测试句的两个不同版本，所以在表述上应该是"24 个测试句，每个测试句都有 a 和 b 两个版本"。

6.1.7 干扰词的设计

在句子加工研究设计中，另一个重要的考虑因素是干扰词项的设计。虽然句子加工研究主要测试的是刺激词或刺激片段（即实时或在线测试），但对之后的干扰词同样提供了次一级、离线的检测，并且和测试项组成选择题或判断题，从而构成一个完整的测试题。在大多数情况下，设计干扰项的目的就是为参加者提供一个明确的测试目标，方便参加者在实验期间持续关注这些测试项。但在实践中，研究者对于参加者的兴趣似乎落在了干扰项上，而且参加者对于干扰项所花费的时间更长，提供的信息量更大，这样很难得到想要测试的结果，所以对干扰项进行设计的时候需要仔细考虑。

6.1.8 测试问题的类型

测试问题中最常见的两种类型是可接受性判断任务和阅读理解测试。移动窗口阅读一直广泛应用于可接受性判断任务中，部分原因是移动窗口阅读会附带产生一些离线加工数据，这些数据让许多研究者感兴趣，但是这种设计最近受到一些二语习得研究者的质疑，因为参加者在完成元语言任务（理解性任务或可接受性判断任务）的过程中可能会更多地利用显性知识。事实上，使用移动窗口阅读的研究结果说明，不同类型的测试问题会导致出现不同的实验表现。例如，在一个实验中，Leeser 等人（2011）发现，中级水平的英语学习者未表现出对西班牙语中名词和形容词不符合语法的敏感性，因为研究者使用的是可接受性判断任务。研究者谈到如果研究的目的是检测语法敏感性，研究设计就不应该使用可接受性判断任务，而是阅读理解测试。

6.1.9 干扰项的设计

在实验中，研究者还应考虑干扰项是否出现在刺激项之后，或者是按一定比例随机出现在刺激项之后。一般的原则是 3 到 4 个刺激项搭配 1 个干扰项，这样的设计也是为了节省测试时间。如果测试是判断任务，在设计干扰项上则更方便，因为这样可以保证每个测试设计的一致性，而且可以保证每个测试中干扰项能够达到研究目标，特别是形成更有效的面板效度（大多数参加者更愿意完成语言相关任务，而不愿意回答阅读中的语言测试问题）。另外，如果研究者获得足够的干扰项反应时和准确性数据，那么设计成问题任务或判断任务都是一个很好的选择。

如果测试项不适合实验本身，干扰项存在的优势就会减弱，因此，设计合适的测试问题非常重要。在设计测试问题的时候，为了避免问题在测试中使参加者困扰，应尽量使用同一种语言作为刺激项，这样可以防止“跨语言”因素对参加者产生影响(Grosjean,2010)。此外，干扰项的类型也最好保持一致，因为不同的干扰项类型会使“跨任务”因素对参加者产生影响。最后，在语言变量操作的实验研究中，干扰项的内容也应保持中立。

干扰项如果重复之前的目标项或者引起参加者对目标形式语义的注意，同样会影响实验数据。在例 1 中实验任务是错误识别，1-1 中后续刺激项完全重复了目标项，这样的设计很容易误导参加者关注刺激项中的错误，实验者需要为参加者提供正确形式的外部提醒，否则它会影响参加者在后续阅读中的表现。1-2 中的问题同样不恰当，在这种情况下，正确地回答问题需要参加者关注动词的语义内容，从而引导参加者更多地关注句子中的动词。当在整个实验中出现相同类型的问题时，这样的设计会诱导参加者有针对性地使用阅读策略。1-2 的另一个问题是无法测量参加者对句子的理解程度，因为它只是针对句子的部分意义进行提问，参加者可能回答正确但没有对词义进行加工。1-3 中理解性问题的设计使用同义词替换和改写的方法，形式完全不同于原句中的刺激项，目的是测试更高层次的加工(同时使用比刺激项更复杂的语言)。这样的问题设计能够避免重复目标项产生的问题或者防止将特定语言形式作为测试目标项，也能更好地进行理解能力的测量。

例 1：实验任务　一致性刺激形式：语法正确和语法错误

a. The student studies in the library on campus.

b. The student study in the library on campus. *

1-1　理解性问题形式(设计不合理，重复目标项)

a. Does the student study in the library?

Yes　　No

b. This person studies in the library at school.

True　　False

1-2　理解性问题形式(设计不合理，集中于动词语义)

a. Does the student sleep in the library?

Yes　　No

1-3　　理解性问题形式(设计合理)

a. This library is at a school, probably at a university.

True　　False

b. Does the event described take place in a restaurant?

Yes　　No

许多实验中的干扰项一般都设计成计时回答和准确性判断项目。一般情况下,参加者被要求在一定的时间内对干扰项问题进行回答和判断,时间通常限制在15000毫秒或10000毫秒甚至更短,或者根据阅读量来计算使用时间。时间计算可以通过两种方式实现:要么对实验进行编程,使用屏幕计时,在设定时间(例如10000毫秒)之后继续进行实验;要么不限制时间,之后统一进行数据整理。限制时间是可取的做法,因为这样可以减少过度思考,提高研究效率。

6.1.10 填充项的设计

在实验中,除了大量的关键刺激项,二语加工实验的参加者还会读到很多不相关的句子,即填充项(fillers)。填充项的设置是为了减少任务对参加者的影响。如果关键测试项一个接一个出现在实验中,很有可能会出现重复效应,参加者可能会使用策略(例如,句子结构具有可预测性,因此参加者会对它们进行浅层处理)。虽然填充项有时可以等同于干扰项,但心理语言学家经常使用这两个术语来区分不同类型的非关键项目。干扰项的形式有时候像刺激项一样,经常会包含某些特定的语言形式或结构;而填充项是不相关的句子,它们无意引起任何特定类型的加工效果。例2是检测临时主宾歧义加工的实验任务。2-1是该实验任务的干扰项。如果干扰项有两个条件,那么干扰项可以和偶数个目标项进行组合。如果干扰项还需用在另一个条件下,那么它不应该与主实验句放置在一起,防止形成类似的刺激。不同的条件下干扰项在呈现的时候应平衡排列。填充项如果只有一个条件,应该被安排在每个实验测试序列里,例如2-2至2-4,目的是转移参加者对刺激项的注意力。填充项和干扰项在设计的时候表面上类似于目标项,特别是在句子长度方面。此外,其他显著的句子特征应该在关键项和非关键项之间得到平衡,如疑问句与陈述句。换句话说,如果一个实验中的刺激项都是疑问句,而填充项都是陈述句,这很可能会引起参加者的注意。

例 2:2－1　a. Before the student guessed the answer appeared on the next page.（干扰项）

b. Before the student spoke the answer appeared on the next page.（干扰项）

2－2　Yesterday, there was a book on the table in the hallway.（填充项）

2－3　The bank usually closes early on Wednesday afternoons.（填充项）

2－4　The clerk changes the sign outside the store every day.（填充项）

填充项和干扰项的数量由刺激项的数量决定。一些证据表明，一个实验设计中非关键项目不少于 50%是比较合理的(Havik et al.,2009)，过多的关键项目会使参加者疲劳，其结果会影响参加者的表现，所以非关键项目的比例越大越好。在移动窗口阅读实验中，非关键句的数量一般占句子总量的 75%。因此，如果移动窗口阅读测试中需要 24 个测试句(总共 96 个句子)，那么研究者则需要设计大约 72 个非关键句。

6.1.11　实验句顺序的设计

在设计了刺激项、填充项和干扰项之后，最后一步是确定每个句子中的句子组合和顺序。刺激项和填充项的排序很重要。首先，研究者需要平衡每个项目在整个序列内的放置(例如，120 个实验句的第 3 句或第 49 句平衡放置)，这样的设计使得在整个实验的序列中没有一个刺激项或条件出现在相同的位置，因为来自任何认知任务的数据都潜在地受到任务熟悉度和疲劳效应的影响，这种影响分别会发生在实验的开头和结尾。为了消除疲劳影响，每个参加者都会分配到一个独特的随机化任务。然而，简单的随机化会导致连续出现两个或多个相同类型或条件的句子，这会影响到实验结果，因为重复启动会影响各种语言刺激的加工。例如，一行中出现几个主谓一致错误的句子可能影响参加者处理随后的刺激，使他们更容易注意到错误。同时阅读几个相同类型的句子也可能引起参加者对目标形式或结构的注意，比如消歧关系从句或复合 wh-句等不寻常结构。其次，研究者还需要考虑相同类型干扰或填充句子的放置位置。软件可能将它们放在刺激句之前或刺激句之后，已实现平衡的改进随机化或伪随机化，而不是简单的随机化。虽然许多软件程序能够为每个参加者创建唯一的或者调整后的随机列表或者伪随机列表(pseudorandomization)，但是创建伪随机列表的方式是有限的(即每个列表只有一个)。为了避免在测试句中测试项放置在同一位置,研究者通常将句子分组成不同的“块”(blocks)或者“套”(sets),对每个块内的句子进行伪随机化,并在整个序列里按照不同的顺序呈现。

除了需要考虑改变刺激项和填充项的呈现顺序,研究者还需要设计 5 到 10 个练习项(practice items),这些项目与刺激项无关,通常出现在句子的开始,帮助参加者熟悉测试题型。此外,为了减轻参加者的疲劳程度,研究者需要限制测试句的数量,通常做法是将测试句总数控制在 120 句到 160 句之间,包括实验刺激项和填充项,但不包括练习项目,在实验期间研究者可以安排参加者进行一次或多次休息。最后,重复启动也是研究者需要考虑的因素,因为这可能会影响到干扰任务的回应(例如,回答 yes 通常比回答 no 更快)。

6.2 数据的收集和处理

在句子加工实验中,数据收集和处理是完全不同的。在选择、分析和描述移动窗口阅读的数据时,研究人员需要确定是否在数据统计中将错误的干扰项数据包括在内。在目前的句子处理研究中,标准做法是删掉这些数据,但删掉这些数据可能会导致无法准确呈现研究问题,或者对一些问题难以进行解释,这是因为研究人员在实验过程中对这类数据缺乏注意。此外,如果错误数据的数量较多,可以保留这些数据用于独立分析(Juffs et al.,2011);如果错误数据不多,可以将正确和错误试验的数据各运行一次,也可以将错误试验的数据运行一次来查看实验结果是否有差异。

使用传统方差分析(ANOVA)可以对移动窗口阅读的时间数据进行修剪,从而减少异常值或极端数据点的影响。数据修剪的通常做法是删除小于 100 至 200 毫秒的时间数据、数值过大的数据(例如 2000 至 6000 毫秒范围内的数据,具体取决于刺激区域的长度)或超过每个参加组或个人的平均读取时间 2 至 3 个标准差的数据等。

一旦决定对时间数据进行修剪,研究者就可以对它们进行平均并提交统计分析。一般情况下,每个刺激区域用描述性统计或者推断性统计单独测量。但在传统测量统计中(特别是在二语习得的心理语言学阅读研究中),除了要对参加者的时间数据进行分析,还需要增加项目分析,这需要进行两次平均。对于参加者的时间数据分析,研究者需要计算刺激区域总平均值和每个刺激条件下参加者的数据,通过平均参加者在给定条件下所有刺激的读取时间来计算每个聚集平均值。如果实验有两个条件,每个参加者有两个聚集平均值(例如,一个是正确语法项,另一个是错误语法项);如果实验有 4 个条件,将有 4 个聚集平均值。描述性统计通常包括每组在每个刺激条件下的总平均值,它是来自每组参加者的所有个体均值的平均值。为了完成对参加者的分析,一般是重复计算每个刺激区的聚集平均数和分组的总平均数。虽然刺激区包括前临界区,但前临界区域不会产生任何效果。溢出区是最重要的区域,因为阅读时间效应可以从一个刺激区传递至下一个刺激区,句子的最后一个区域是额外加工区,也被称为句子“打包”区(Just et al.,1980)。除了阅读时间较长,句子“打包”区也可能延迟或回应由实验操作引起的阅读时间效应。在项目分析中,每个刺激区聚集平均值被重复计算,但实验者不会计算每个参加者的聚集平均值,而是计算被分组后的参加者在每个实验条件下的平均值。如果有两种刺激条件和 3 个实验组,那么每个刺激项目有 6 个聚集平均值。

对于阅读时间数据的统计,传统上是分别对各个刺激区域进行方差分析(F 检验)和 t 检验,对被试主体和项目分别进行计算。被试和项目通过使用下标数字来区别:F_1 和 t_1 指的是对被试进行的分析,F_2 和 t_2 指的是对项目进行的分析。这样统计的目的是确定在阅读中的刺激条件下,对阅读的影响来自被试还是项目。因此,典型的被试方差分析是对每一个被试进行重复计算,包括组内变量(一个或两个语言变量)和组间变量(被试分组)。项目的方差分析是对不同的水平变量进行重复测量,包括组内变量和组间变量。一般来说,当被试和项目的 F 和 t 值显著时,主效应显著(Clark,1973)。如果采用混合效应模型,被试和项目都纳入一个测试中,统计解释则更为直接,因为只需要解释 p 值是否显著。

在一些研究中,临界区或溢出区的长度可能在不同的实验项目中不相等,长度的差异会使结果难以解释。例如对于不符合语法的动词的阅读时间会比符合语法的动词的阅读时间短,因为通常不符合语法的动词长度比符合语法的动词长度短,所以如果读者对这种错误表现出在线敏感性是可以理解的。此外,被试(包括单语者)阅读速度的不同在计算小组平均值的时候容易引起交互变异性。解决这个问题的一种方法就是控制不同条件下临界区或溢出区的长度和个体的阅读速度,也就是计算剩余阅读时间,即回归偏差(Ferreira et al.,1986;Trueswell et al.,1994)。具体的做法是计算每个被试和句子区域的剩余时间,即统计每个被试所参加项目的剩余时间。剩余阅读时间的测量程序与原始时间的测量程序相同,这一数据是通过对阅读时间进行修剪和统计分析得到的。这一数据如果为正,则阅读时间比预期慢;如果为负,阅读时间比预期快。

最后，干扰项的数据也需要分析和报告。报告其整体准确性的平均值包括关键刺激项和填充项的数据，需要分别对被试和项目进行 t 检验或方差分析，并对数据进行统计和比较，目的是显示二语参加者的理解程度，以及与母语为英语的人相比的表现程度。如果存在差异，那么在对实验的整体结果作出最终解释时，这些差异都应该被考虑进去。此外，对于紧挨着刺激项的干扰项也需要进行同样的统计，即对反应时和准确度进行统计分析。通过使用相同的方法来修剪反应时数据可以提高实验准确度。对刺激项之后的干扰项进行数据分析可能会获得更多信息，因为问题一般出现在溢出区域，所以在反应时或准确度中可能出现延迟处理效应。例如，对于基于意义的理解问题，被试阅读语法错误句子比阅读语法正确句子更慢，并且准确率也可能略微降低(Woolley，2012)。尽管实验数据主要是来自刺激项，但不同实验组的实验结果也千差万别，因为存在统计上的交互影响。

到目前为止，尽管二语心理语言学主要依赖方差分析进行描述性统计假设检验，但统计学领域的最新发展推动了主流心理语言学的研究方法向混合效应模型快速转变，而在二语加工的研究中也发生了类似的变化。混合效应模型的优势在于，它能改善项目和被试的随机效应(Clark，1973)，尤其是和类别变量相反的连续变量。此外，相比传统的参数测试，混合效应模型不受丢失的数据和异常值的影响，也可以用于分析正常数据分布和二项式数据分布(即线性和逻辑模型)。从实践角度来看，混合效应模型更加有效，因为在处理原始数据的时候，它需要的步骤和时间更少，也不需要修剪数据或计算项目和被试的总平均值。数据输出文档也可以简单地使用原图并导入适当的统计软件程序，如 R 语言。实验者可以用 R 语言先将一些不正确的理解数据进行转化或者剔除，再进行混合效应分析(Cumming et al.，2012)。

6.3 R 语言的应用

如其他学科一样，语言科学研究的进步同样依赖于合理的研究设计、科学的数据分析以及对结果清楚、透明的报道。为了在实验过程中去除“噪声”，第二语言加工研究经常需要设计大量的实验刺激材料并对不同的被试群体开展实验，由此获得大量数据对提出的研究假设进行科学论证。但是，如何才能高效、科学地整理实验数据，并以此为基础构建简洁、准确的统计模型呢？

R 语言提供了简单、直接的答案。R 是一种集合了统计计算和绘图等多重功能的语言和环境，是一套开源的数据分析解决方案，由一个庞大且活跃的全球性研究型社区维护。近些年大数据的出现使 R 语言成为数据分析的利器。

6.3.1　R 语言的概念

目前，我国外语界中的大部分统计都是通过 SPSS 进行的。R 语言兼具 SPSS 的功能，是一种统计计算与制图系统。同时它有方便而强大的制图功能和基于命令行的高级计算器。

R 是 20 世纪 90 年代初问世的开源软件，可免费下载（非商业使用），因此在学术界和教育界备受青睐。R 是一个开放平台，用户可以自由修改、补充已有功能或者添加新功能。R 在使用和制作中可以添加各种模块，这样的设计使得 R 的功能不断得到更新，在很多领域迅速普及，成为国际上流行的统计计算与制图工具。

6.3.2　R 与 SPSS 的主要区别

R 与 SPSS 最直观的区别在于界面。SPSS 采用窗口式图形界面设计，各个功能分门别类地嵌入菜单中，层次清晰。但很多 SPSS 使用者只能记住其中的模块——窗口、菜单、选项、按钮等，却常常忘记操作背后的原理。由于操作总是离不开窗口，所有 SPSS 教材都包含大量截图。如果使用者的 SPSS 版本不同，个别操作有所改变会引起许多麻烦。虽然图形、窗口和鼠标操作确实能降低学习门槛，但对想深入学习的人来说反而构成干扰。而 R 则是通过命令行来工作，采用函数加参数的形式，统计运算的诸多细节（相当于 SPSS 中的各种"选项"）以参数的形式写到命令中，使用者能将全部注意力放在统计任务本身，而不需要考虑打开哪个窗口、在哪里勾选，使用者的效率也因此得到提高。为了优化体验，多数 R 语言使用者会使用一些类似图形界面的辅助性环境。本书中研究使用的 R-Studio 将 R 工作时所涉及的各类内容同时显示在主界面上，清晰明了。

与其他软件相比，R 有着极佳的扩展性，这是因为 R 提供了大量实用的模块，多种模块能将复杂的工作简单化，并且运用在各大领域中。以语言学为例，R 提供的 corpus 和 korPus 模块可以用于文本词性标注、可读性分析、词汇多样性计算等；NLP 模块可以处理一些自然语言数据；LSA 模块可以用于潜在语义分析；TM 模块可以用于文本挖掘、语料处理、元信息标注、文本预处理、TF 计算、IDF 计算等；Translater 调用了 Google 和 Microsoft 的自动翻译；Seevave 可以用于语音分析与合成，并能制作

2D、3D及动画音频频谱图等；Rcrawler网络爬虫工具可以用于从网站上自动采集语料。如此丰富的扩展功能在SPSS中是不具备的。

R的另一个优势在于数据可视化(制图)功能。很多学术性文章或著作都需要便捷的制图工具，手绘的效果显然不够理想。R语言往往只用一条命令就可以基于数据制出高质量的图像，而且其制图命令有大量选项，可用于微调制图的细节。在R语言中可以将多个命令按某种方式组合为程序脚本(script)，以快速实现复杂的任务处理，而且脚本常可以在相似的任务中重复使用，所以能节省大量的时间精力。由于统计计算与数据是分开的，只要编写好一个脚本，在适当位置加载数据表即可一次性完成整个统计。

如果数据表本身有所变化，使用脚本的优点就更为明显，只要对脚本进行少量修改即可完成任务，不需要每次都按固定顺序打开某些窗口、点击选取某些选项。如果数据本身发生了变化，只需要修改脚本本身即可。

总体而言，SPSS是将统计方法制成了现成工具，而R语言更像是许多零部件组成的统计软件。与SPSS相比，R语言更像是可以随意组合的积木，有助于激发使用者的想象力和创造力。

6.3.3 R语言的优点

现在越来越多的人开始接触、学习和使用R语言，因为它有许多优点，主要包括：

①免费：尽管SPSS也是较为便捷的统计分析软件，但它不是免费的，而R是一个免费的统计分析软件。

②浮点运算功能强大：R可以作为一台高级科学计算器使用，因为R同MATLAB一样不需要编译就可执行代码。

③不依赖于操作系统：R可以运行于Unix、Linux、Windows和Macintosh等操作系统，安装文件及安装说明都可以在网上下载。

④帮助功能完善：R中嵌入了一个非常实用的帮助系统，软件所附带的pdf或html帮助文件可以随时通过主菜单浏览或打印，使用者可以通过其了解R所提供的各类函数的使用方法和示例。

⑤制图功能强大：R内嵌的制图函数能将产生的图片展示在一个独立的窗口中，并将之保存为各种格式的文件。

⑥统计分析能力尤为突出：R 中内嵌了许多实用的统计分析函数，统计分析的结果也能较为直接地显示出来，一些中间结果(如 P 值、回归系数、残差等)可以保存到专门的文件中，也可以直接用于进一步分析。R 的部分统计功能整合在 R 语言的底部，大多数功能以“包”的形式提供。

⑦可移植性强：R 容易移植到其他程序当中，例如 s-plus 程序，反之其他程序也可以直接或修改后用于 R。R 与 MATLAB 有许多相似的地方，如都可作为高级计算软件，都可以不用编译直接运行源代码，但是 R 侧重于统计分析，而 MATLAB 侧重于工程，如信号处理。现在通过 R 和 MATLAB 程序包可实现两者之间许多功能的共享。一些常用的统计分析软件(如 SPSS，Stata，Excel)的数据文件都可以读取 R，其数据结果也可用于 R 进行进一步分析。

⑧强大的拓展与开发能力：R 对于开发新的交互式数据分析方法是一个非常有用的工具。使用者可以编制自己的函数来扩展现有的 R 语言，或制作相对独立的统计分析包。

⑨功能灵活：一般的软件往往会直接展示分析的结果，而 R 则将这些结果都存放在一个对象(object)里，所以常常在分析结束后并不显示任何结果。这样是为了能让使用者选择自己想要的结果，不会因为内容太多而无所适从。

6.3.4　R 语言的统计建模

6.3.4.1　统计建模的基本概念

在语言的量化研究中，研究者在将数据整理好并进行统计分析后，第一步就是对数据进行描述，主要是分析数据的趋中度(如平均数)和变异性(如标准差)。传统研究经常将统计方法按不同类型区分，比如 t 检验、方差分析、回归分析等，但这样做容易误导学习者认为这些方法彼此独立、泾渭分明。实际上，这些方法本质上是一样的，都可以被视作回归分析，确切地说都是广义线性模型的特例。所有的统计分析从本质上都可以概括为以下公式：

$$outcome_i = model + error_i \tag{6-1}$$

式(6－1)的意思是，所有的观测数据都可以通过在数据的基础上拟合的模型加上误差来进行预测(Field et al.，2012)。所谓模型就是用简化的、高度概括的方法来表现一个复杂的系统或者变量之间关系，统计建模就是要在数据的基础上拟合一个模型，然后通过这个模型的自变量来预测因变量的变化。统计模型具有 3 个重要的作用：①推断（理），即基于样本的统计量对总体的参数进行推断（估计）；②推广，即所构建的模型不仅适用于本研究的样本，也适用于其他类似样本；③预测，即基于所构建的模型能够对因变量进行预测。这 3 个作用相互联系并有所重叠。

根据模型所要拟合的数据特点，本书将统计模型分成两类，即固定效应模型和混合效应模型。对于固定效应模型而言，一个非常重要的假设前提是所拟合的因变量的数据点必须相互独立，反映在实验的设计上就是要求独立测量、组间设计。如果因变量的数据点之间存在关联，就要采用混合效应模型来拟合数据，反应在实验的设计上就是重复测量、组内设计。

采用统计模型来拟合数据、探讨变量之间的关系时，一般包括 3 个步骤：①构建一个模型；②对模型进行检验或诊断；③对模型进行解释。

6.3.4.2 模型的要素

统计模型通常包括以下几个要素。

①最佳拟合线。统计建模的目的就是要找出对数据拟合“最佳”的直线，并对这条线的斜率和截距进行估计。这条线可通过公式来表示：

$$Y_i = b_0 + b_1 X_i \tag{6-2}$$

式(6－2)中，Y_i是因变量，即结果变量。X_i是自变量，即预测变量。b_1表示的是斜率，b_0是截距，而 b_1 和 b_0 这两个参数统称为回归系数。

②斜率。斜率既可以为正，也可以为负。当斜率为正时，x 值增加的时候，y 值也随之增加；而当斜率为负时，x 值增加的时候，y 值则减少。从数学意义上看，斜率表示的是 y 值相对于 x 值变化的比率，即 x 每变化一个单位所引起的 y 值变化的大小，可以简单地表示为：$b_1 = \frac{\Delta y}{\Delta x}$。截距就是 $x=0$ 时对应的 y 值。只有斜率不足以定义一条直线，相同的斜率可能对应许多条直线；只有截距也无法定义一条直线，相同的截距同样可能对应许多条直线（如图 6－1 所示）。而一旦截距和斜率确定，对应的直线就是唯一的。

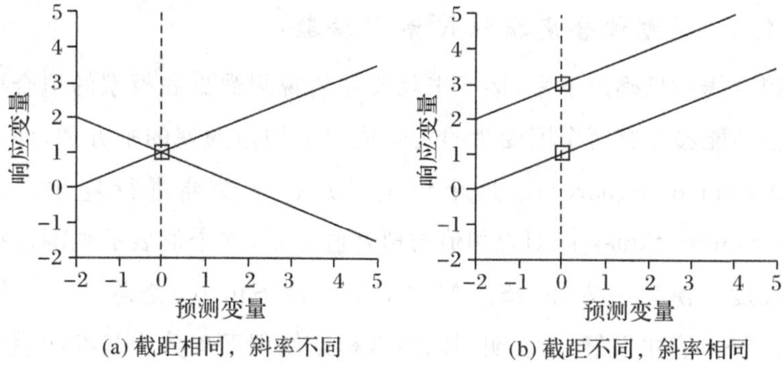

图 6-1 斜率与截距

③拟合值。在模型的基础上获得的预测值就是拟合值。实际上这条回归线(拟合线)上所有的点都是拟合值,这条线代表的就是这个模型所预测出的一个无限数值。尽管这条线是“最佳拟合”线,但是根据这条线的预测所获得的拟合值和实际的观测值并不完全一致。

④残差。每一个观察对象的观测值与其拟合值之差被称为残差。如图 6-2 所示,最佳拟合线上的所有点就是拟合值,而这条直线附近的点就是实际观测值,这些点与这条直线的垂直距离就是残差。可见,残差可以用来描述一个回归模型的拟合优度,即是否对观察值进行了较好的拟合。残差越小,表明模型对观测值拟合得越好;残差越大,模型拟合得越差。回归建模的目标就是拟合出的一条直线使残差值尽可能小,这个方法也被称为最小二乘法。

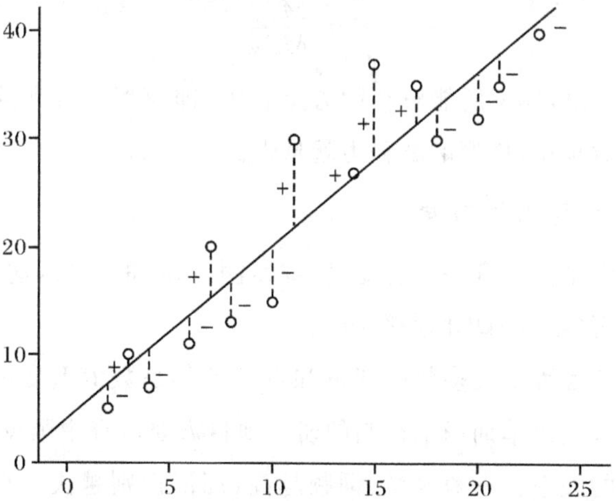

图 6-2 观测值、拟合值和残差的关系

6.3.4.3 模型拟合度指标 R^2 和 F 检验

最佳拟合线一旦确定下来，接下来就要评估观测数据和模型的拟合度。用平均值作为模型能够计算每个因变量的实际值与平均值的差的平方和，即总平方和 SS_T（Total Sum of Squares）。这个值是对总样本变异进行量化。残差 SS_R（Residuals Sum of Squares）即观测值与拟合值之差，这个值表示观测值拟和模型的不准确程度。模型平方和 SS_M（Model Sum of Square）是总平方和与残差平方和之差。SS_M 值如果很大，表明回归模型相比使用平均数为基准的模型有显著改善；相反，则说明模型没有明显改进。R^2 代表这种变化与总样本变异之比（式 6－3），具体公式如下：

$$R^2 = \frac{SS_M}{SS_T} \tag{6-3}$$

在统计学上，经常使用 F 检验来评估这个模型，即评估 R^2 是否足够大。在这里 F 值等于模型平方和的平均数除以残差平方和的平均数，代表了回归模型所能解释的方差和模型不能解释的方差（在这里就是残差）之比。模型平方和的平均数等于模型平方和 SS_M 除以它的自由度，而它的自由度等于模型中变量的数量；残差平方和的平均数等于残差平方和 SS_R 除以它的自由度，而它的自由度等于总观测数量（样本总数）减去模型所估计的参数的数量。如果用 MS_M 代表模型平方和的平均数，MS_R 代表残差平方和的平均数，那么 F 值的计算公式如下：

$$F = \frac{MS_M}{MS_R} \tag{6-4}$$

从式（6－4）可以看出，模型所能解释的方差越大，即模型平方和的平均数越大，残差平方和的平均数越小，模型的解释力就越强。

6.3.4.4 一元线性回归

当一个回归模型里只有一个自变量（或预测变量）的时候，这种回归分析就是一元线性回归分析（或者简单回归分析）。

一元线性回归方程中大多数因变量和自变量都是数值型变量。例如，一项关于中国英语学习者英语单词识别机制的研究项目需要调查中国英语学习者的英语词汇识别与词频的关系。一般来说，词频越高，词汇识别越快。在这个研究中，词汇识别和词频的数据都属于数值型变量。

然而实际上在很多情况中，一元线性回归分析处理的是数值型变量（因变量）

和分类变量(自变量)之间的关系。比如一项关于英语口语成绩与性别关系的研究需要调查在其他因素相同的情况下,女生的口语成绩是不是总比男生好。在这里,口语成绩是数值型变量,而性别是分类变量(男生/女生)。分类变量可以是二元变量,比如"是与不是""男与女""高或低"等;也可以是多元变量,比如"高、中、低""一班、二班、三班"或者"动词、名词、形容词"等。

在一元线性回归分析中,因变量还可能是连续变量或者二元变量。例如在一项关于中国英语学习者英语单词识别机制的研究项目中,研究者调查了作为外语学习者的中国学生识别英语真词和假词上呈现的差异。在这项词汇判断任务实验中,参加者需要判断呈现在电脑上的字符串是不是英语单词,计算机会记录参加者的反应时(因变量),它是数值型连续变量,而词类则是分类的二元变量(真词/假词)。

6.3.4.5 多元线性回归

多元线性回归是一元线性回归的扩展。一元线性回归只有一个自变量,而多元线性回归则至少包括两个自变量,因此,它比一元线性回归更复杂。多元线性回归的等式从原来只涉及一个斜率扩展为涉及多个斜率,同时考察多个预测变量对因变量的影响:

$$Y_i = b_0 + b_1 X_1 + b_2 X_2 \cdots + b_n \cdot X_{ni} \tag{6-5}$$

与一元线性回归一样,在多元线性回归里,因变量仍然必须是数值型变量,而自变量(或预测变量)可以是数值,也可以是分类变量。多元回归分析的优势在于,它可以在控制其他变量影响的基础上,考察每个个体变量的影响,同时,它还可以考察变量之间的交互效应。例如,在一项研究英语阅读水平与英语水平关系的实验中,研究者构建了一个一元线性回归模型:英语阅读=9.64+0.67×英语水平。研究结果发现这个模型可以解释英语阅读 79.5%的方差,尽管它表明英语水平是一个具有很强解释力的预测变量,但是也仍然有将近 21%的方差不能由它解释。实际上,早在 20 世纪 80 年代,二语阅读的研究者就发现二语阅读能力主要由两个变量解释,一是读者的英语水平,二是读者的母语阅读能力,而且这两个变量在解释英语阅读时是动态的,主要受读者的英语水平影响。如果读者的英语水平处在中级,这两个变量都会对英语阅读发挥显著的影响;而当英语水平达到很高的程度,如与本族语者一般,那么读者的二语阅读能力主要由其在母语里所习得的阅读技能决定。为了考察二语水平与母语阅读能力如何共同影响二语阅读,研究者构建了一个同时包括二语水平和母语阅读能力的二元回归模型。

实际上,研究者在一个模型里同时放入其他预测变量更容易考察每个个体变量的真实影响力。因为只放入一个预测变量时,这个模型只会去计算该预测变量的影响,无法获悉其他没有进入模型的变量的影响,但问题是进入模型的预测变量还可能与其他变量相关,而模型计算出的影响程度是在掩盖了其他变量的作用下得出的结果,因此这个结果就可能会被夸大。而当把其他变量也加入模型时,研究者就可以在控制其他因素的作用下考察这个变量的影响。比如在上述例子当中,如果将母语阅读能力也加入模型,就可以在控制母语阅读能力的情况下考察英语水平的影响。另外一个典型的例子是考察词频与反应时关系的研究(Winter et al.,2018),如果模型里只有词频作为预测变量,可能只能观察到词频对反应时的强预测力,但一般来说,频率高的词,长度也比较短。因此,只有在控制词长的基础上来考察词频的关系才更有意义。所以多元回归的解释力度比一元回归大得多。

多元回归分析的优势在于,一方面它可以在控制其他变量影响的基础上,考察每个个体变量的影响;另一方面它还可以考察变量之间的交互效应。只要有多个自变量(或预测变量)进入模型,这些变量就既可能有主效应,又可能有交互效应,共同影响因变量。比如在学外语背单词时,对大部分人来说单词的记忆效果既可能受自身的记忆能力影响,又可能受接触这个单词的次数影响,也就是说接触单词的次数对单词的记忆效果还要依赖另外一个因素,即自身的记忆能力,反过来也是如此。这就是两个因素的交互效应。

在多个变量进入分析模型的时候,考察交互效应是非常重要的。如果变量之间存在交互效应,它们的主效应实际上就变得不再重要,甚至可以忽略不计。但是,目前一些研究者并没有意识到这一点,有的研究者在实验里同时考察了多个变量,但是却只关心这些变量的主效应,甚至已经认识到两个变量之间存在交互效应却对此一带而过。但是实际上,真正重要的恰恰就是交互效应。

举一个非常简单的例子。若调查性别和收入之间的关系,会发现总体上男性收入比女性高,也就是说性别存在主效应,性别不同收入也不一样。但是,如果在考察的时候同时加上受教育程度对收入的影响,可能会发现性别和受教育程度对收入的影响存在交互影响。这个时候性别和受教育程度是否有主效应已经不再重要,因为一个变量的影响取决于另外一个变量的不同水平。也就是说性别是否影响收入,还要取决于受教育的程度。

交互效应就是指一个自变量对因变量的影响取决于另外一个自变量的不同水平。可见，交互效应描述的是自变量之间的关系，即两个或者更多的自变量如何共同作用对因变量产生影响。在语言科学研究及第二语言加工研究中，交互效应大量存在。比如，某种外语教学法对学生外语学习成绩的影响还取决于学生的动机，词性对被试反应时的影响还取决于单词的长度等。

仔细比较下面两个等式：

$$Y = b_0 + b_1 X_1 + b_2 X_2 \tag{6-6}$$

$$Y = b_0 + b_1 X_1 + b_2 X_2 + b_3 (X_1 \cdot X_2) \tag{6-7}$$

式(6－6)没有考虑自变量 X_1 和 X_2 的交互效应，每个变量对因变量的影响是彼此独立的，就像上述例子中英语水平与母语阅读能力对英语阅读的影响一样。此时在考察每个自变量的影响即分析每一个变量的作用时，不需要考虑另外一个变量的作用。而式(6－7)考虑了 X_1 和 X_2 的交互效应，即自变量 X_1 与 X_2 相乘。实际上交互效应也经常被当作是一种乘积效应，而不是叠加效应。这个时候在考察每个自变量影响的时候，必须要同时考虑其他变量的情况。

6.3.4.6　线性混合效应模型逻辑原理

线性混合模型同时包含固定因素和随机因素。固定因素是指在一个实验中水平是固定的并且可以重复和复制的因素；而随机因素则是指通过总体抽样出来、不能重复和复制的因素。

线性混合效应模型就是通过随机效应的加入捕捉各种关联和差异。如上文所述，回归模型的两个重要参数就是截距和斜率。为了同时模拟各种变量的发生情况，混合效应模型并不是简单地对许多被试只拟合一条回归线，而是就因变量同时对每名被试和每个测试项(材料)拟合多条回归线，这些不同的回归线里都包含特定被试(subject-specific)或者特定测试项(材料)的随机截距或随机斜率(Gries, 2013)。随机截距和随机斜率真实地描述了每名被试和每个测试项在实验中经历的各种变化(Winter et al., 2012)。R 语言中拟合混合效应模型最常用的包是 lm4 (Bates et al., 2015)。lmer()函数通常用来拟合线性混合效应模型，glmer()函数通常用来拟合广义线性混合效应模型。

第 7 章

研究方法与实证设计

本书中的研究包括两个实验:一是界定中国英语学习者英语阅读预测因素的实验,采用的方法是多元回归模型;二是关于工作记忆与信息控制如何影响中国英语学习者对外语文本理解加工的实验,采用的方法是混合效应模型。

7.1 二语阅读的全景图(实验一)

7.1.1 研究目的

自从 20 世纪 80 年代起,人们一直困惑于二语阅读为什么不能像母语阅读那样流畅。在对文献进行梳理后,笔者发现二语阅读涉及两个关键预测变量——二语水平和母语阅读能力。尽管各相关研究在一些具体的数据上存在差异,但其结果大同小异,即二语水平和母语阅读能力都是二语阅读显著的预测变量。然而,在 Jeon 等人(2014)[138]看来,二语阅读是一个更高层次的心理运作,需要如预测、分析、综合、推理及提取相关背景知识等高级的语言加工能力,只考虑母语阅读能力和二语知识不足以对二语阅读作出全面解释,还需要增加工作记忆。工作记忆被认为是形成基本认知的重要影响因素。没有工作记忆,储存在长时记忆的知识无法与其他认知发生互动,理解也无法完成(Grabe,2009)[34]。基于以上认识,本实验的研究目的是尝试构建一个多因素影响模型,其中包括母语阅读能力、二语水平能力与工作记忆能力。在收集所有数据之后,使用 R 语言进行多元回归模型检验,判断工作记忆进入模型的可能性,以期重新界定学习者二语阅读的预测因素。

7.1.2 变量测试

7.1.2.1 二语水平测试

对于二语水平的评估，研究者曾使用过多种手段，例如词汇测试、语法测试、语篇测试、填写句子等多种测试手段，或使用托福、雅思等考试的整套的测试题。国内的英语水平评估还可能使用英语四、六级水平考试题或者高考英语试题。这些测试对于英语水平的评估各有优劣。为了保证英语水平评估的可靠性，本研究根据 Alderson(1984)、Carrell(1991)、Taillfer(1996)和 Yamashita(2002)有关英语水平的理论及实践，选择英语词汇和语法水平测试作为英语水平评估的方式。选择这两种题型是因为研究者们认为语法和词汇是影响二语阅读最重要的语言因素(Alderson,1979;Jeon et al.,2014)。除此之外，笔者在进行实验前也进行了问卷调查，问卷结果也反映词汇是中国学生认为阻碍他们阅读的最主要因素，其余影响因素依次是语法、阅读策略和长难句。基于此，本研究选用托福中的"词汇测试"和英语四级考试中的"词汇和结构测试"来评估参加者的英语水平。

7.1.2.2 二语和母语阅读理解测试

本研究参考了 Linderholm 等人(2004)实验中设计材料的思路，设计了英汉共30篇三段式的实验故事(汉语故事由英语故事对应翻译过来)。每篇故事包含120至140个单词，每段包括4句话。为检测参加者是否理解阅读的内容，实验者在每一篇故事后面设计了3道题，包括理解题和判断题，参加者每答对一题得1分，不答或答错为0分。

7.1.2.3 工作记忆测试

对于工作记忆的测试，本研究采用 Waters 等人(1996)对 Daneman 等人(1980)阅读广度实验的修改版本。这一修改版本的优点是可以同时测量工作记忆的加工和储存两大功能。实验共设计了70个句子，均为一般陈述句，句长在5至9个单词。为实现测试目的，一半句子为不合理句。这些句子被随机分为包含2至5个句子的句组，实验者使用 E-prime 2.0 呈现给参加者，呈现间隔为3秒。在每个句子呈现时，参加者需要判断该句是否合乎情理(测试加工功能)。在每组句子呈现结束时，参加者需要回忆出该组中每个句子的最后一个单词(测试储存功能)。句中的单词都是常见的非复合名词，长度在1至3个音节之间，每组中的句末单词没有语义关联。例如，在包含 3 个句子的句组中，参加者会依次看到这些句子："Dogs always bark at strangers.""The cook is baking in the chicken.""The jacket doesn't believe in the bull."。参加者需要在每个句子呈现结束时，在电脑上按 Y(yes)或 N(no)来判断是否合理。当句子呈现完毕时，参加者选择出句子的句末单词。正确判断 1 个句子得 1 分，正确回忆出 1 个单词也得 1 分。每一组句子测试完成后进行下一组句子测试，按句组中句子的数量递增进行，直至结束。

7.1.3 测试对象

本研究测试对象为非英语专业硕士生。西安某高校 48 名硕士一年级学生参加了英语阅读测试、汉语阅读测试、英语水平测试和工作记忆测试，分两次完成。第一次进行英语水平测试、汉语阅读测试和英语阅读测试，第二次进行工作记忆测试。48 名硕士生按要求完成两次测试，无人缺席，有效率均为 100%。所有参加者都具有一定的计算机操作水平，且无视力障碍。参加者的具体信息见表 7-1。

表 7-1 参加者的描述性分析

被试人数	学历	年龄	英语经历
48 人	非英语专业硕士生	22～23 岁	13 年

7.1.4 测试过程

测试分三步进行。第一步组织英语阅读和汉语阅读测试，时间为 60 分钟；第二步组织英语词汇与语法水平测试，时间为 60 分钟；第三步进行工作记忆测试，时间为 15 分钟。这些测试都有严格的监考程序，数据统一录入统计软件 R 中。

7.1.5 测试项目的信度与评分

二语水平测试包括英语四级考试试题中的"词汇和语法"、托福试题中"词汇测试"和阅读理解里的"选择题"，二语水平和二语阅读的分数范围是 0 至 60 分，题目均为客观测试题。两名阅卷员为本课题组成员，具有丰富的教学经验。阅卷员参照考试的评分标准评分。母语阅读理解里的"填空和选择题"分数范围也是 0 至 60 分，同样严格按照评分标准进行。工作记忆测试包括句子合理性判断和尾词回忆,共 70 分。计算结果显示,这些测试的信度 α 都超过了 0.80(见表 7-2),信度可靠。

表 7-2　测试项目的信度与评分

信度与评分	母语阅读	二语水平	二语阅读	工作记忆
α	0.85	0.82	0.83	0.84
分数	0～60 分	0～60 分	0～60 分	0～70 分

7.2　构建对文本的连贯心理表征(实验二)

7.2.1　研究目的

本实验的研究目的是从二语阅读心理认知角度探究工作记忆与信息控制如何影响二语阅读文本的理解和加工过程。二语阅读理解的目标是对正在被理解的信息建立连贯的心理表征。当读者在阅读第一句话或在阅读中遇到第一个人物时,会利用最初的信息建立一个基础结构。当后继输入的信息与原结构一致时,读者就会将该信息连接到原结构中,从而使其不断发展;如果新信息与原结构不一致,则转而建立新的子结构。这一认知过程受到强化和抑制的驱动。如果新信息与当前结构相关,储存在工作记忆中的概念被有效激活并保存下来,融合到已经建立的心理结构当中;无关的概念则被抑制,从而减少记忆负担,使有限的记忆资源得到释放,并建立对理解的连贯性表征。基于这种认识,本研究以 Linderholm 等人(2004)的实验材料为参照设计了 30 篇阅读材料,汉语、英语各 15 篇(汉语阅读材料由英语阅读材料翻译而来)。每篇文章有 3 段,每段 4 句话,包括第一次提及的人物、重复提及的人物和引进的新角色。每篇文章后面都有 3 道与内容相关的问答题。测试时间为 40 分钟。这一设计是为了检测读者在阅读英语故事的时候如何跟踪关键信息的变化,即在新的信息出现后,是否抑制了旧的不相关信息,阻止其侵入工作记忆。最后同样使用 R 语言进行混合效应模型检验,从篇章信息的角度分析工作记忆与信息控制如何影响中国英语学习者的文本加工。

7.2.2 测试变量

实验二同样参照了 Linderholm 等人(2004)的实验设计思路,依然使用三段式的实验故事范式(开头、中间段、结尾)(见表 7-3)。故事的第一段是介绍段(故事开头),在第一句中引入一个角色目标(如 Dennis)。所有参加者读到的第一段完全相同。故事的第二段对角色目标进行三种控制(即三种实验条件):重复提及初始目标(Dennis)、引进新目标(Maria)、呈现中性信息(不重复初始目标,也不引进新目标)。故事的第三段是结论段,所有参加者读到的内容完全一致。每篇故事都有 3 个探测点,分别出现在每一段的后面,参加者需要判断在先前所读的段落中是否读到过探测词。初始目标的探测词出现在探测点 1 和探测点 2,用来检验参加者对初始目标的跟踪情况。为了在不增加故事数量的情况下保证探测词无规律性地变化,研究者在每个测试点增加了 1 个填充探测词。

表 7-3 实验所用的故事范例

英语故事	汉语故事
故事开头: Davin lay in his bed, waiting, his head throbbing. A call had been made hours ago for more medicine, yet none had arrived. Davin was growing weaker and weaker by the day. Disease was spreading rampantly through the small island village. 探测词:Cindy (filler)	故事开头: 打电话要了更多的药,可是到现在一个都还没有到。德文一天比一天虚弱。疾病在这个小岛上的村子里肆虐。 探测词:辛蒂(填充词)
故事第二段 ①重复提及初始目标 **Davin**, the owner of the farm, had lived in the village since he was a child. The village was rural and the people who lived there prided themselves on their simple lifestyle accentuated (加强) by their rich customs and strong sense of community. **Davin**, along with many others, had been looking for a cure for this new and very frightening disease attacking the villagers. Hopefully, a cure would be discovered before too long.	故事第二段 ①重复提及初始目标 德文是农场的主人,从他还是个孩子起他就住在这个村子里。这个村子很偏远,村子里的人们为他们简单的生活方式感到自豪,这种生活方式来源于他们丰富的习俗和强大的凝聚力。德文和其他很多人一样,一直在寻找对付这种祸害村民的新型骇人疾病的方法。希望在不久的将来找到治愈的方法。

续表

英语故事	汉语故事
②引进新目标 **Mona**, the owner of the farm, had lived in the village since she was a child. The village was rural and the people who lived there prided themselves on their simple lifestyle accentuated (加强) by their rich customs and strong sense of community. **Mona**, along with many others, had been looking for a cure for this new and very frightening disease attacking the villagers. Hopefully, a cure would be discovered before too long.	②引进新目标 梦娜是农场的主人,从她还是个孩子起她就住在这个村子里。这个村子很偏远,村子里的人们为他们简单的生活方式感到自豪,这种生活方式来源于他们丰富的习俗和强大的凝聚力。梦娜和其他很多人一样,一直在寻找对付这种祸害村民的新型骇人疾病的方法。希望在不久的将来找到治愈的方法。
③呈现中性信息 Most of the island's farmers had lived in the village since their childhood. The village was rural and the people who lived there prided themselves on their simple lifestyle accentuated by their rich customs and strong sense of community. Many of the villagers worked together to uncover a cure for this new and frightening disease. Hopefully, a cure would be discovered before too long. 探测词:Davin (experimental probe)	③呈现中性信息 岛上大部分村民从童年起就住在村子里。这个村子很偏远,村子里的人们为他们简单的生活方式感到自豪,这种生活方式来源于他们丰富的习俗和强大的凝聚力。很多村民同心协力,一直在寻找对付这种祸害村民的新型骇人疾病的方法。希望在不久的将来找到治愈的方法。 探测词:德文(实验词)
故事第三段(结尾) Since the start of the outbreak, the one village doctor was greatly overextended. **Mona**, along with several others, had been lending a hand whenever possible. The sense of community was strong here and had carried them through many hard times. 探测词:Jennie (filler)	故事第三段(结尾) 自疫情暴发以来,一名乡村医生的工作时间大大延长。梦娜和其他几个人一直在尽最大努力伸出援手。这里的社区意识很强,帮助他们度过了许多困难时期。 探测词:吉尼(填充词)

续表

英语故事	汉语故事
理解题： (1) People in the village prided themselves on their rich lifestyle. (2) Disease was spreading rampantly through the small island village, and all of the villagers had given up fighting. (3) About the village, which description is false? A. It was remote from the modern cities. B. It had only one doctor. C. The disease was conquered because of the villagers' solidarity. D. Davin had spent most of his life in this village.	理解题： (1)村里人为过着富足的生活而自豪。 (2)疾病肆虐，席卷村子，村民们都放弃了抵抗。 (3)关于村子的哪个描述是错误的？ A. 远离现代城市 B. 只有一个医生 C. 村民的团结使他们战胜了疾病 D. 德文在村子里过了大半辈子

故事内容涉及参观、科技、探案等各种题材，都是中国读者比较了解的主题。故事角色的名字在英语中很典型，也为中国英语学习者所熟悉（如 Dennis、Maria 等），性别容易判定，词长不超过两个音节。同时，为确保所有参加者在阅读时不会存在词汇、语法和句子等层面的问题，在正式实验前让来自平行班级的 35 名研究生参加由这些英语故事组成的书面阅读理解测试，标出阅读过程中不理解的单词和语法。之后，研究者为标注的生词提供中文翻译，并在实验前的课堂中对其举例进行讲解。

研究者根据语言（汉、英）将故事分成两列，然后采用拉丁方、交叉平衡的方法，将每种语言的实验故事分成 3 个实验条件，再把英汉两列故事搭配起来（每种语言的每个条件可以跟另外一种语言的任何一个条件搭配），从而设计了 18 套材料（3×3×2）。在这 18 套材料当中，每个故事的语言（汉、英）及实验条件（重复提及初始目标、引进新目标、呈现中性信息）出现的次数相等。这 18 套材料被随机分配给参加者，每名参加者只能读到每个故事在每种实验条件下的某一个版本。

此外，为了避免参加者对测试内容形成预期心理，研究者用类似的方法设计了英汉各 5 篇三段式结构的填充故事。每个填充故事设计只采用 1 个实验条件。每篇故事有 3 个探测点，各有 1 个填充探测词。

7.2.3 测试过程

故事阅读测试采用 E-prime 编程，测试在语言实验室里进行。每名参加者通过电脑完成测试。为了避免参加者对测试内容形成预期心理，研究者交替进行实验故事和填充故事。参加者会读到一系列英汉小故事，每个故事都有 3 段，一段一段呈现，每呈现一个段落，电脑屏幕上就会出现探测词，参加者需要判断在先前所读的故事段落中是否有屏幕上出现的探测词。

测试的目的是检测故事的角色目标信息在参加者大脑中可提取的难易度。参加者按"1"和"2"键来分别表示"是"和"否"，他们作出判断的反应时(单位为毫秒)和错误率被自动记录。在正式实验前，参加者有 5 分钟左右的培训时间。研究者会向参加者详细解释实验要求、方法和程序。在实验中，参加者被要求按照自己惯常的速度和习惯进行阅读。当参加者完全理解测试要求后，他们可以自己按键开始正式实验。参加者可以自己控制每篇故事的理解测试问题所呈现的时间，可通过按空格键控制实验进度。

7.3 实证研究结果与分析

7.3.1 实验一的描述性统计

在实验一中，研究者采用 R4.0.3 软件对母语阅读、二语水平、二语阅读和工作记忆进行描述性分析，结果见表 7-4：

表 7-4 四项测试分数的描述性统计

测度值	母语阅读(45 分)	二语水平(60 分)	二语阅读(45 分)	工作记忆(70 分)
平均分	34.7	47.4	32.6	52.5
标准差	6.13	4.29	5.71	5.22
最大值	42	55	38	61
最小值	25	41	21	45

母语(汉语)阅读测试总分为 45 分，受试的平均分是 34.7(标准差 6.13)；二语(英语)水平测试总分为 60 分，受试的平均分是 47.4(标准差 4.29)；二语(英语)阅读

测试总分为 45 分，受试平均分是 32.6 分（标准差 5.71）；工作记忆测试总分为 70 分，受试平均分是 52.5（标准差 5.22）。

从表 7-4 可以看出，参加者的英语与汉语故事阅读理解的分数非常接近。研究者对英汉故事进行的配对样本 t 检验也证实了两者不存在显著差异（$p=1.64$）。研究者又对英语和汉语故事阅读理解分数进行了 Pearson 相关系数计算。汉语故事阅读理解分数与英语故事阅读理解分数之间的相关系数 $r=0.43$，$p<0.01$，两者显著相关。

7.3.1.1 母语阅读、二语水平对二语阅读的影响

本研究的目的之一是考察二语水平、母语阅读对二语阅读的影响，即重新界定上述因素对中国学习者二语阅读的解释力。如图 7-1 所示，研究采用 R4.0.3 中的 lme4 包的 lmer() 函数，以二语阅读测试成绩（Reading）为因变量，母语阅读（Chinesecom）和二语水平（LanP）为预测变量，拟合了一个多元回归模型：

L2 reading model <－lm(Eng Reading～ LanP ＋ Chinesecom,data＝mydata)

```
Coefficients:
             Estimate Std. Error t value Pr(>|t|)
(Intercept)   0.72382    7.02489   0.103  0.91839
LanP          0.14465    0.08083   1.789  0.08027 .
Chinesecom    0.51054    0.16569   3.081  0.00351 **
---
Signif. codes:  0 '***' 0.001 '**' 0.01 '*' 0.05 '.' 0.1 ' ' 1

Residual standard error: 4.621 on 45 degrees of freedom
Multiple R-squared:  0.2523,    Adjusted R-squared:  0.219
F-statistic: 7.591 on 2 and 45 DF,  p-value: 0.001443
```

图 7-1 母语阅读、二语水平与二语阅读多元回归模型（模型 1）

研究进行回归分析的目标是建立回归模型来进行预测，需要在分析中求出回归方程中的未知量，即常量和回归系数。回归方程各参数为回归模型中的第一列截距。最终得到的方程式为：

$$\text{二语阅读}=0.724+0.145\times\text{二语水平}+0.511\times\text{母语阅读} \quad (7-1)$$

式(7-1)说明，当控制其他变量的时候，二语阅读能力每增加一个单位，二语水平贡献量为 0.145 个单位，母语阅读贡献量为 0.511 个单位。可见二语水平和母语阅读对二语阅读的贡献显著，且母语阅读的贡献大于二语水平的贡献。

通过回归模型，我们除了可以知道二语水平和母语阅读能力各自的贡献量以外，还可以知道二语水平和母语能力的总贡献量（见表 7-5）：

表 7-5　母语阅读、二语水平与二语阅读回归模型的描述性统计

模型 1	估计标准差	t 值	p 值	R^2 系数	R^2 调整系数
母语阅读	0.511	3.081	0.004	0.252	0.219
二语水平	0.145	1.790	0.080		

在表 7-5 中，R^2 表示判定系数，即回归系数的平方，判定系数显示了预测的准确度。R^2 也称拟合优度，表示拟合得到的模型能解释因变量变化的比例。R^2 为 0.252，此结果可解释为约 25%的二语阅读能力可以由母语阅读能力和二语水平的最佳拟合线来解释；剩余的近 75%的二语阅读能力受其他因素的影响，如工作记忆等。

7.3.1.2　母语阅读、二语水平、工作记忆对二语阅读的影响

模型 1 表明母语阅读和二语水平对二语阅读总的贡献量约为 25%，剩余近 75%受其他因素的影响。由前述理论可知，工作记忆对于二语阅读的影响最为显著，所以本书研究者将工作记忆加入模型当中，即检测二语水平、母语阅读和工作记忆对二语阅读的影响。如图 7-2 所示，研究同样以二语阅读测试成绩(Reading)为因变量，以工作记忆(WM)、母语阅读(Chinesecom)和二语水平(LanP)为预测变量，拟合了一个多元回归模型：

L2 reading model <－lm(Eng Reading～LanP＋Chinescom＋WM，data＝mydata)

```
Coefficients:
            Estimate Std. Error t value Pr(>|t|)
(Intercept) -0.17114    7.07127  -0.024   0.9808
LanP         0.13678    0.08111   1.686   0.0988 .
Chinesecom   0.44494    0.17717   2.511   0.0158 *
WM           0.06678    0.06426   1.039   0.3043
---
Signif. codes:  0 '***' 0.001 '**' 0.01 '*' 0.05 '.' 0.1 ' ' 1

Residual standard error: 4.617 on 44 degrees of freedom
Multiple R-squared:  0.2702,     Adjusted R-squared:  0.2204
F-statistic:  5.43 on 3 and 44 DF,  p-value: 0.002892
```

图 7-2　母语阅读、二语水平、工作记忆与二语阅读的多元回归模型(模型 2)

回归模型加入预测变量工作记忆之后，回归方程中的常量为－0.171，回归系数 b_1＝0.137，b_2＝0.445，b_3＝0.067，最终可得回归方程为：

$$二语阅读 = -0.171 + 0.137 \times 二语水平 + 0.445 \times 母语阅读 + 0.067 \times 工作记忆 \quad (7-2)$$

式(7-2)说明,当控制其他变量的时候,二语阅读能力每增加一个单位,二语水平贡献量为0.140个单位,母语阅读贡献量为0.445个单位,工组记忆的贡献量为0.067个单位。可见这3个预测因素对二语阅读都有贡献,母语阅读的贡献大于二语水平和工作记忆的贡献。

如表7-6所示,加入工作记忆以后,母语阅读、二语水平及工作记忆对二语阅读模型的解释力为27%的方差,整体提升了近1.8%。其中,母语阅读能力的预测力为44%($t=2.51, p<0.05$);二语水平的预测力为14%($t=1.69, p=0.099$);工作记忆的预测力为6%($t=1.04, p=0.304$)。工作记忆对二语阅读并没有表现出直接显著的预测作用,母语阅读对二语阅读的影响显著($p=0.016<0.05$)。

表7-6 母语阅读、二语水平、工作记忆与二语阅读的回归模型的描述性统计

模型2	估计标准差	t值	p值	R^2系数	R^2调整系数
母语阅读	0.445	2.511	0.016	0.270	0.220
二语水平	0.140	1.690	0.099		
工作记忆	0.067	1.040	0.304		

7.3.2 实验二的描述性统计

在实验二中,本书研究者采用以故事为题材的在线篇章处理方法来模拟和对比母语与二语阅读的心理认知过程。故事理解的关键在于保持对故事中的人物进行持续跟踪,厘清"谁正对谁做了什么"(knowing who is doing what to whom)。通过将故事中的人物与其要实施的行为和要实现的目标联系起来,读者就能很好地监控故事内各事件之间的因果关系,从而理解故事。但是,故事的人物经常会不断变换,读者如何才能从头到尾对故事中的人物持续进行跟踪?研究者假设在故事的开篇,读者通过人物角色的引入构建一个基础心理结构,当人物角色不断变化时,与上下文相一致或者与当前理解最相关的人物角色出现,信息得到激活并强化;不相关、不正确的人物角色信息则被抑制,不再保留在注意的中心。基于这一假设,本书研究者在故事中设定了3个条件:重复提及初始目标(same);引进新目标(different);呈现中性信息(baseline)。实验记录角色探测词判断的正误和反应时(RT)。对于反应时数据的记录,研究者保留正确答案的反应时数据,删除错误答案的反应时数据与平均值超过 2.5 个标准差的反应时数据。约 2%的数据被删除。参加者在不同实验条件下的反应时数据见图 7－3 和表 7－7。

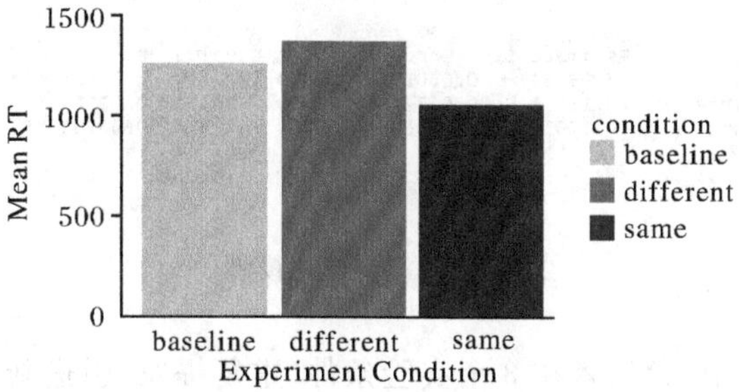

图 7－3　参加者在三种实验条件下对角色探测词的平均反应时

表 7－7　参加者在 3 种实验条件下对角色探测词平均反应时的描述性统计

实验条件	平均值/ms	标准差/ms	启动效应/ms
重复提及初始目标(same)	1125	377	135*
引进新目标(different)	1375	537	－115**
呈现中性信息(baseline)	1260	433	

注：* $p<0.05$，** $p<0.005$，启动效应等于重复提及初始目标或引进新目标条件下的反应时与呈现中性信息的反应时之差。

从表 7－7 可以看出，在重复提及初始目标的条件下参加者的反应最快，平均用时最少(1125ms<1260ms<1375ms)。在引进新目标时，参加者的反应最慢，平均用时最多(1375ms>1260ms>1125ms)，因为当新信息进入的时候，参加者会花较多时间来处理不同的信息，付出了一定的时间“代价”。

随后，研究者构建了混合效应模型。混合效应模型包括固定因素和随机因素。在本研究中，因变量是参加者阅读关键区的反应时(RT)，自变量是 3 个实验条件(重复提及初始目标、引进新目标、呈现中性信息)和工作记忆。随机效应是参加者和测试材料。所有的数据由 R 4.0.3 分析处理，通过混合效应的回归模型分别拟合参加者在不同条件下的反应时，将 β 值作为统计结果的效应量。本研究应用了 R 语言中 lme4 包的 lmer ()函数对反应时进行分析，在实验二中一共构建了 3 个混合效应模型，主要来检验自变量的主效应和交互效应。在混合效应模型 1 中的因变量(参加者的反应时)与自变量(3 个实验条件)为模型的固定因素，参加者和测试材料是模型的随机因素。拟合后的混合效应回归模型如图 7－4 所示。

M1<－lmer(log(RT)～condition＋(1＋condition|Subject)＋(1|story),data＝RTdata)

```
Fixed effects:
                   Estimate Std. Error       df t value Pr(>|t|)
(Intercept)         7.03984    0.06010 47.76000 117.134  < 2e-16 ***
conditiondifferent  0.11756    0.05224 40.96000   2.250  0.02985 *
conditionsame      -0.17011    0.05087 46.96000  -3.344  0.00163 **
---
Signif. codes:  0 '***' 0.001 '**' 0.01 '*' 0.05 '.' 0.1 ' ' 1
```

图 7－4　混合效应模型 1

在混合效应模型 1 中，参加者在 3 个实验条件(重复提及、引进新目标、呈现中性信息)下平均反应时存在差异，即自变量的主效应显著($\beta=7.040$，$SE=0.060$，$t=117.134$，$p<0.001$)。在引进新目标的实验条件下，参加者对故事角色探测词的反应时表现出显著差异($\beta=0.118$，$SE=0.052$，$t=2.250$，$p<0.05$)。在重复提及角色的实验条件下，参加者对角色探测词的反应时同样表现出显著差异($\beta=-0.170$，$SE=0.050$，$t=-3.344$，$p<0.01$)。

为了检测工作记忆是否在混合效应模型中产生主效应，研究者在混合效应模型 1 的基础上加入自变量工作记忆，构成混合效应模型 2。拟合后的混合效应模型 2 如图 7－5 所示。

M2<－lmer(log(RT)～WM＋condition＋(1＋condition|Subject)＋(1|story),data＝RTdata)

```
                    Estimate Std. Error        df t value Pr(>|t|)
(Intercept)         6.817374   0.218172 47.610000  31.248   <2e-16 ***
WM                  0.004215   0.003996 45.090000   1.055   0.2971
conditiondifferent  0.119124   0.052172 41.030000   2.283   0.0277 *
conditionsame      -0.169345   0.050864 47.060000  -3.329   0.0017 **
---
Signif. codes:  0 '***' 0.001 '**' 0.01 '*' 0.05 '.' 0.1 ' ' 1
```

图 7－5　混合效应模型 2

在混合效应模型 2 中，参加者的反应时为因变量，工作记忆和 3 个实验条件为自变量。混合效应模型 2 的实验结果表明，工作记忆并没有产生主效应($\beta=0.004$，$SE=0.004$，$t=1.055$，$p=0.297$)。

混合效应模型 3 是检测工作记忆是否会与故事角色否产生交互效应，如图 7－6所示：

```
M3<-lmer(log(RT)~WM*condition+(1+condition|Subject)+(1|story),data=RTdata)
```

```
Fixed effects:
                         Estimate Std. Error        df t value Pr(>|t|)
(Intercept)              6.469650   0.270088 44.180000  23.954   <2e-16 ***
WM                       0.010832   0.005017 44.080000   2.159   0.0363 *
conditiondifferent       0.634366   0.235500 42.820000   2.694   0.0100 *
conditionsame            0.260040   0.230648 44.360000   1.127   0.2656
WM:conditiondifferent   -0.009817   0.004383 42.790000  -2.240   0.0304 *
WM:conditionsame        -0.008171   0.004287 44.390000  -1.906   0.0631 .
---
Signif. codes:  0 '***' 0.001 '**' 0.01 '*' 0.05 '.' 0.1 ' ' 1
```

图 7-6　混合效应模型 3

混合效应模型 3 的实验结果表明，工作记忆与故事角色产生交互效应（$\beta=-0.010$，$SE=0.004$，$t=-2.240$，$p<0.05$），即工作记忆能力强的参加者在引入新角色的情况下能更快作出判断，付出的时间“代价”更少。

第 8 章

实验结果讨论

8.1 二语阅读全景图(实验一)

8.1.1 母语阅读能力和二语水平对二语阅读的影响

在描述性分析中发现,二语故事阅读理解分数与母语故事阅读理解分数非常接近,两者不存在显著差异,而且相关分析进一步显示二者显著相关,从阅读的语言相互依存假说来看,这些结果说明母语阅读能力成功地“迁移”到了二语阅读中。多元回归模型分析的结果表明,母语阅读能力与二语水平都对二语阅读有不同程度的贡献,母语阅读的贡献约为51%,二语水平的贡献约为14%,母语阅读能力的贡献作用要比二语水平大得多,这与先前所进行的关于母语阅读、二语水平和二语阅读关系的研究结论相一致。

公共潜在水平假说认为,在母语中建立和发展的认知和读写能力会发生跨语言迁移,并由此促进学习者认知和学术技能的发展。公共潜在水平是指中心加工系统里的概念、技能和语言知识存在相互依赖性。它们会共享一个共同的部分,比如共享相同的概念、学习或经历中获得的知识或语言能力等。Goodman(1973)发展了公共潜在水平假说,提出了阅读普遍性假说,他认为母语阅读能力会迁移到二语阅读能力中。母语阅读熟练的读者在二语阅读中依然有较好的表现,因为他们会把在母语中所掌握的阅读能力迁移到二语中,即阅读能力具有普遍性,非某一语言的特性。

根据相互依存理论,母语发展的熟练程度可以转移至二语并促进二语的学习。共同基础认知理论认为,母语和二语中较低级别的并行任务之间的相关性(如解码准确性和流畅性)并不一定意味着在母语语境中获得的技能能够迁移到二语中;相反,共享的认知过程是母语和二语的基础,并且可以关联母语与二语之间的任务,因此母语和二语阅读技能之间的相关性是可以预期的,也就是说二语与母语之间不是低技能的知识共享,而是高技能的迁移,这一点也能在语言阈值假设中得到证明,即要实现母语阅读能力向二语阅读迁移,学习者必须达到一定的二语水平,否则学习者的阅读体系会因为二语知识的缺乏而"短路"。语言起始水平假说也认为,学习者本族语和目标语首先要达到一定的初始水平,如此方能在双语学习中受惠(Cummins,1980)。相反,如果学习者语言水平很低,双语教育甚至可能产生负面效应,Cummins 称此为"半双语效应"。因此,母语向二语转移的是高级技能,而且这种转移只有在掌握一定二语知识的条件下才能实现。本研究的参加者是经过了多年英语学习的硕士研究生,学习英语的平均时间为 13 年,可被视作高级英语学习者,因此实验结果符合二语阅读的语言阈值假设,即学习者在母语里习得的认知和读写技能会成为潜在、共享的能力,能够自然地迁移到二语阅读中,母语阅读能力强的学习者在二语阅读中同样有较好表现。

前期的实证研究(Carrell,1991)也证明了母语阅读能力和二语水平对二语阅读的贡献,与本研究不同的是,Carrell 实验中的被试是母语为英语的西班牙语(二语)学习者和母语为西班牙语的英语(二语)学习者。研究结论说明了母语阅读能力的可迁移性。研究者还发现,母语阅读能力和二语水平均为二语阅读的显著预测变量,母语水平的预测力比二语水平的预测力强。继 Carrell 之后,Taillefer(1996)[462]对在法国的英语学习者进行了研究。他同样对母语阅读能力、二语水平和二语阅读能力这 3 个变量进行了测试。与本研究不同的是,在测试工具方面,研究者考虑了难易度的变化因素,即在不同难度的阅读测试中母语阅读能力和二语水平在二语阅读中的相对贡献量。研究结果表明,尽管母语阅读能力和二语水平都显著影响着二语阅读能力,但它们的相对贡献作用同时与阅读测试的难易度有关。

Bernhardt 等人(1995)[16]调查了 186 名母语为英语的西班牙语(二语)学习者的情况。研究发现,二语水平与母语阅读能力都是二语阅读的贡献变量,且二语水平的贡献超过了母语阅读能力。这个结论和本研究的结论不一致,本研究认为,母语阅读能力的影响力大于二语水平的影响力。

Yamashita(2001)也研究了母语阅读能力和二语语言水平对二语阅读的贡献情况。与本研究不同的是,该研究把学习者的二语水平从低到高划分为 3 个层次:

基本水平、最低水平和最高水平。根据 Yamashita 的研究，当学习者的二语能力非常低时，二语水平不能够解释二语阅读理解的任何变异；随着学习者二语水平的提高，二语水平的贡献也增加。当读者已经达到基本水平的要求时，母语阅读技能开始迁移，成为二语阅读的贡献变量。随着读者的二语能力从最低水平向最高水平发展，母语阅读能力的贡献增强，并且二语水平开始逐渐失去对二语阅读能力的解释作用。该研究的结果也佐证了本研究的结论：对于高水平的读者而言，母语阅读的解释力高于二语水平的解释力。

在 Brisbois(1995)[27]的研究中也有相同的发现：当二语水平的贡献从 10.14%降到 9.4%时，母语阅读能力的贡献却从 11.1%增加到 20.5%。也就是说，只有读者的二语水平稍高时，母语阅读技能才能发生“共享”。二语阅读能力将主要由读者的母语阅读能力决定，用先前研究者的话来概括，此时的二语阅读问题“根本上是一个阅读问题”，而且由普遍适用于所有语言的认知加工来决定。认知加工即更高层次的心理运作，包括预测、分析、综合、推理及对相关背景知识的提取等。

这一结论可被进一步解释为在最低水平与最高水平之间存在某一点，这个点预示二语者的语言水平也接近母语者的水平，不会再为二语阅读制造问题。此时，二语阅读理解的变异完全由母语阅读能力来解释，体现在数据上就是二语水平的解释力很低或者不显著。在这种情况下，二语水平必须是很高的，可能达到近本族语者的自动化程度。迄今为止，大部分研究还没有发现有这样的读者组。这表明，二语学习者的二语水平很难达到一个绝对高的状态使得二语阅读能像本族语者阅读母语那样进行。

回到研究目的中提出的问题：二语阅读究竟是一个阅读问题还是语言问题？从本研究的结果来看，对非英语专业的研究生来说，二语阅读是一个阅读问题，二语水平的解释力只占 14%，母语阅读的解释力高于二语水平的解释力。因此，母语阅读能力对二语阅读影响更大。

8.1.2 工作记忆对二语阅读的影响

基于上述分析，二语阅读是一个更高层次的心理运作，需要如预测、分析、综合、推理及对相关背景知识提取等高级的语言加工能力。工作记忆被认为是影响基本认知形成的重要因素。没有工作记忆，储存在长时记忆中的知识无法与其他认知发生互动，理解也无法完成(Grabe,2009)[56]。因此，为了进一步探索二语阅读的本质，本书中的研究将工作记忆因素加入二语阅读模型，母语阅读能力、二语水平和工作记忆的解释力为 27%，其中，工作记忆的贡献力为 6%，这种情况该如何解释？

由前文论述可知，母语阅读技能会迁移到二语阅读中，且二语阅读会受到语言水平的影响。为了进一步解释迁移现象的本质，笔者从认知心理学和资源控制理论出发来解释二语阅读技能的迁移实质上是心理表征建构的迁移，而迁移的阈值效应是二语水平与诸多认知机制（如抑制机制、工作记忆能力）综合作用的结果。

首先，二语阅读的本质是心理表征建构的迁移，需要工组记忆参与进行信息的通达或浸入。在本研究中，母语阅读能力、二语水平和工作记忆 3 个因素可以预测 27%的二语阅读成绩，工组记忆的贡献为 6%。根据前述文献可知，理解是一种通用的认知技能，不仅在语言的阅读或听力理解中发挥作用，还可以扩展到绘本故事、电影或者图片，因此不管具体模式是什么，理解作用的方式大同小异，其目标是对正在被理解的内容建立一个连贯的心理表征或心理结构。同时，文本理解技能是随母语语言能力提升而发展但又独立于母语语言技能之外的认知技能，并浸入已经发展的、非模式化的、通用的理解技能。

通达是影响心理结构建造的因素之一，根据 Walter(2007)[17] 研究可知，低水平组的参加者在二语阅读加工中的异常识别方面存在很大困难，也就是说，其二语结构建造能力存在问题。而高水平组的参加者表现要好得多，虽然两组的二语阅读成绩都比不上母语阅读的成绩。低水平组的理解障碍不能归咎于单词、句子等解码上的困难，因为在研究设计中，研究者已确保二语阅读材料的难度与受试的语言水平相符合；不能归咎于其理解技能的发展没有高水平组完善，因为他们都是熟练的母语阅读者；也不能归咎于概念问题，因为参加者同时阅读了母语和二语两个版本的材料。基于上述分析，研究者指出低水平组的学习者在阅读二语文本时，不能对他们在母语阅读中已经表现出来的熟练的结构建造技能进行有效通达或浸入。

为何低水平组的读者会存在通达的难题？其中一个原因是高水平组和低水平组的读者之间存在着工组记忆能量的差异。高水平组的工作记忆分数显著高于低水平组。研究者还发现语言（母语与二语）与组别（高、低水平组）存在交互效应，低水平组的工作记忆分数在语言中的差距更加明显，也说明心理表征建构的能力与工作记忆联系密切。

其次，二语阅读心理结构建造的本质是阅读中的抑制。抑制机制有两个重要的功能:阻止通达和清除。阻止通达是指限制不相关的信息进入工作记忆,保证工作记忆加工与当前任务直接相关的信息。清除功能是指将不相关的信息从工作记忆中清除出去,包括清除先前相关但随后由于话题的变换或实验任务的改变而不再相关的信息(Hasher et al.,1988)。抑制机制与工作记忆及心理表征建构之间存在着复杂的关系。工作记忆的中心作用是抑制,抑制效率的不同造成了阅读者的个体差异:高水平的阅读者能够建造连贯的、有层次的、较少的子结构,并在心理结构中抑制新的不相关信息,以此减少记忆负担;低水平的阅读者会因为缺乏有效的抑制机制而不能有效抑制不相关信息,从而需要消耗工作记忆来产生和维持过多的子结构,进而影响理解。他们的心理结构多是"庞杂的,并缺少连贯性"(Gernsbacher,1990)[430]。

抑制能力依赖于工作记忆能力,工作记忆能力强的个体能更好地抑制不相关的信息(Rosen et al.,1998)。读者的抑制能力越强,工作记忆效率就越高,其阅读理解效果也就越好。因为抑制机制可以阻止干扰信息进入工作记忆,提升工作记忆运行效率,从而建构连贯的心理表征(Palladino et al.,2013)。抑制机制的运行是具有策略性且受控制的过程,该过程可能受到其他因素(如注意资源总量限制或资源分配方式)的影响(Long et al.,1999)。

从工作记忆的角度去解释抑制机制的形成就会发现抑制机制强调个体理解能力受工作记忆资源的限制,工作记忆的个体差异导致理解的个体差异。因为工作记忆具有储存和加工双重功能,它有限的系统资源必须同时为这双重任务提供空间。这意味着在阅读理解过程中,工作记忆系统既要储存如语言输入等成分,又要同时在加工过程中传输语义、激活信息等。因此,当工作记忆能量太小而无法达到双重任务的要求时,理解就会出现问题。工作记忆能力强的读者在阅读中能作出更多阅读推论,并能更有效地识别文中的不协调信息,而这又为读者构建连贯而有层次的心理结构打下基础。

资源理论指出可供认知系统利用的加工资源(processing resources)是有限的,而且这些资源为不同的任务所共享(Kahneman,1973;Navon et al.,1979)。较低层次的加工过程如果效率低下(如低效的解码)会消耗过多的有限资源,使得与它们共享资源的工作记忆与抑制机制受到影响。语言效率假设(verbal efficiency hypothesis)认为快速的单词解码对高效阅读极其重要(Perfetti,1985),它可以为更高层次的语言理解释放有限的资源。

本研究中实验的参加者自国内重点大学，英语都达到了较高的水平，此时他们的故事阅读已经较为自动化，理解活动更像一个阅读问题，在低层次的认知加工(单词或者句子)方面没有困难，消耗的认知较少，可以释放出更多资源用于高层次的加工(推理、跟踪等)，此时工作记忆效应不显著，说明参加者在整体理解抽象信息的时候对工作记忆的要求不高。

8.2 心理表征构建(实验二)

8.2.1 二语阅读中的心理表征构建

在本研究的混合效应模型 1 中，参加者在重复提及初始目标的实验条件下对角色探测词的反应明显比呈现中性信息(控制条件)快，可见他们强化了对这一概念的激活；当故事中出现新的人物角色时，参加者对先前人物角色的探测词的反应明显比呈现中性信息慢，可见他们有效地抑制了先前人物角色的激活，以保持对最新故事人物角色的跟踪。概括来说，高水平的二语学习者成功地将母语阅读技能迁移到了二语阅读中；从心理认知过程来看，他们为了构建对所读故事的连贯心理表征，能将表征因果顺序最相关的概念(即当前的人物角色)有效激活，并对无关的概念(即先前的人物角色)进行抑制，以释放有限的工作记忆资源，建立对故事连贯、稳定的记忆表征。

从结构建造理论来看，在阅读故事时，读者利用首次提及的角色目标为理解奠定一个基础心理结构。随后，读者通过映射过程，把最相关的信息映射到基础结构上。因此，当初始目标被重复提及时，它会在读者的心理表征中被强化；但当新目标被引进时，因其信息与基础结构不再相关，读者就会将其转移，建立一个新的子结构，并抑制先前不再相关的目标信息，使之不干扰当前的理解，从而建立对故事文本的连贯心理表征。在本研究中，强化与抑制的关系可被解释为“收益”与“代价”。因为与呈现中性信息相比，当初始目标被重复提及时，读者对初始目标信息的反应明显更快，作出判断的准确率也更高，即获得“收益”；相反，当引进新目标时，读者对初始目标信息的反应明显更慢，准确率也更低，即付出“代价”。由此可见，成功的故事理解涉及重复利用提及的信息，以及减少不相关的信息造成的干扰。

从阅读的全景模型(Linderholm et al.,2004)来看，全景模型是一个连通主义理论，它指出在文本阅读的过程中概念的激活程度呈波动性变化，是一个动态的激活转移场景。正因为读者的记忆力资源有限，信息若要能保留在工作记忆里，就必须彼此竞争激活。为了达到最优化的理解，只有与故事中因果路线发展最相关的信息才能得到充分激活，而不相关的信息则需要被抑制，以此来释放有限的工作记忆能量。在本研究中，与故事中因果路线发展最相关的信息就是角色目标，当初始目标被重复提及时，这些信息在记忆表征中被强化并被重复激活；在新目标被引进后，因初始目标与后文理解不再相关，因此必须被抑制，从而释放更多的注意资源对新目标进行理解。本书的研究数据从多个角度证明了这一点。另外，本书研究还发现，在二语故事理解中，读者的二语水平对其理解加工发挥着重要作用。二语水平越高，受试对干扰信息的抑制能力越强，其故事理解能力也越强。与母语理解不同的是，在二语的认知加工中，某一因素的较小差异可能导致全局的较大不同。在以二语为基础的认知活动中，语言水平是一个不可忽视的变量，它除了发挥直接作用外，还可能结合各种认知因素对理解加工共同产生影响。

8.2.2 工作记忆与信息抑制之间关系

混合效应模型 1 表明，当故事角色发生变化的时候，强化和抑制通过调节概念（角色或者角色目标）的激活程度来控制和管理心理表征建构过程。在重复提及初始目标的条件下，初始概念表征得到强化；而当新概念出现时，因初始概念和当前理解无关，抑制则发挥重要作用，阻止它在大脑中的激活，从而建立起对理解内容的连贯心理表征。因此，在故事角色发生变化以后，工作记忆对信息变化进行了抑制，发挥阻止通达功能和清除功能，从而限制无关信息进入工作记忆，确保工作记忆加工与当前理解最相关的信息。

从实验设计来看，故事角色（名字）是具体的实验建构，而角色目标则是抽象的实验建构。本研究从具体和抽象两个角度进一步证实了结构建造理论对理解加工的预测，也弥补了 Gernsbacher 和 Linderholm 等研究者先前研究的不足。此外，本研究的结果也与先前有关单词和句子心理表征建构的研究结果一致，即抑制机制可以削弱不相关语义信息的激活程度，也可以控制先前句法结构对后续句子理解的干扰。

相关实验表明，工作记忆与心理表征建构之间存在直接的相关关系，主要体现在两个方面：一是工作记忆能力强的读者在阅读中能作出更多的阅读推理

(Walter,2004);二是工作记忆能力强的读者能更有效地识别文中的不协调信息(Yuill et al.,1991),而这又为读者构建连贯而有层次的心理结构打下基础。除此之外,工作记忆还通过它与抑制机制的关系间接地影响心理表征建构。语言理解能力较差的人在抑制不相关信息时存在困难,导致工作记忆在心理表征建构中转换过于频繁,这主要是因为抑制机制效率低下。这也反映出,抑制机制对工作记忆有很强的依赖性,比如记忆能力强的人能回忆出更多更特别的动物名字,同时对不同动物群之间的回忆时间也比记忆能力弱的人要短,因为记忆能力强的人能有效抑制已经提及的动物的名字,而记忆能力弱的人却不能。

关于学习者的工作记忆、语言水平与心理表征建构和管理之间的关系,混合效应模型 2 和混合效应模型 3 得出了较为复杂的结论。首先,对于学习者的工作记忆与心理表征建构和管理的关系,混合效应模型 2 里的工作记忆并没有显著效应(主效应),而在混合效应模型 3 里它表现出了显著的交互效应。学习者的二语水平越高,其抑制与强化机制的效率就越强,心理表征建构管理也越明确。其次,工作记忆容量越高,抑制与强化机制的效率也越高。在混合效应模型中,工作记忆始终没有表现出显著效应。

根据语言效率理论(Perfetti,1985)[24],二语水平高的被试在低层次的认知加工(即单词和句子阅读)上没有困难,消耗认知资源少,所以可释放更多的资源用于高层次认知加工(如根据背景知识进行推理等),混合效应模型 1 的结论正好证实了这一点。实验的参加者都有较高的二语水平,此时他们的故事阅读已达到相对自动化的程度,所以工作记忆没有表现出主效应也就不难理解。这说明参加者在处理对角色探测词的加工时更少依赖其工作记忆能力。

除此之外,本实验中的内容信息是较抽象的概念,特别是出现新的信息时,工作记忆在处理抽象概念的心理表征建构中起着非常重要的作用。对抽象概念进行表征时,只要二语水平不构成障碍,工作记忆就能发挥更为突出的作用,即工作记忆容量越高,抑制等认知机制的效率越高;而当工作记忆没有构成明显障碍时,语言水平则发挥更为突出作用,即二语水平越高,抑制等认知机制的效率也越高。这一发现也验证了 Walter(2004)提出的"工作记忆和任务类型相关"的结论。在混合效应模型 2 和 3 中,参加者必须充分理解故事才能正确回答实验设计的问题,此时二语水平的作用明显,故事理解"更像是一个语言问题"。上述结果说明,在高级认知活动中,学习者的语言水平与工作记忆能力都很重要。

综上所述，当读者二语水平较高的时候，母语技能会迁移到二语阅读当中，此时二语阅读理解更像是一个阅读问题；而在处理抽象信息时，工作记忆会抑制新信息的进入，故事理解更依赖二语水平，此时二语阅读理解更像一个语言问题。总体而言，中国高水平英语学习者能够通过抑制和强化机制来调节二语阅读篇章认知过程，从而建立对文本的稳定记忆表征。工作记忆的重要作用则表现在读者对信息的控制能力上，读者工作记忆能力越强，表现出来的对信息的抑制能力越强。这个能力非常重要，是结构建造的核心。除此之外，二语阅读中出现阈值效应很有可能是因为读者在构建对文本的连贯心理表征时工作记忆对抑制能力的调节出了问题，并非由于二语水平不够。

第9章

未来展望及建议

9.1 二语阅读模型为阅读教学提供的启示

实验1和实验2所获得的有关二语阅读的认知心理证据为我国英语阅读教学提供了一些启示。

首先，要提高英语阅读能力，英语词汇与语法知识和母语阅读能力都是非常关键的因素。教师在努力帮助学生提高英语词汇量与语法水平的同时，还要鼓励他们在阅读英语时积极利用汉语阅读的策略，同时建议学生尽可能多地进行汉语阅读，以取得更多相关背景知识。对于汉语阅读能力较为成形的成年学习者(如本实验的参加者)来说，即使汉语阅读能力的弥补作用相对较小，但是只要积极地加以利用，就会有效果。因此，中国的英语学习者在努力提高外语能力的同时，还要积极发挥母语阅读的作用。

其次，本书的研究证实了母语和二语故事阅读的理解过程相通，都需要读者对故事内容建立连贯的心理表征，此外也进一步证实了角色目标在二语故事理解中的重要性。读者通过跟踪与当前理解最相关的目标信息来理解故事中的因果关联。而读者在进行这一认知加工过程时，抑制机制发挥着重要作用。

再次，本书证实了读者会保持最相关的目标信息的激活，一旦出现新的角色目标，读者对初始目标的激活程度就会减弱。该结论也丰富了已有研究，说明无论初始目标是否实现，都不会影响初始目标信息的可介入性。也就是说，当故事中有多个角色目标时，即使初始目标没有实现，读者仍然会激活当前目标信息。减少无关信息的干扰、提高抑制能力的最好的方法是在二语阅读教学中提高学习者的二语知识水平。此处的二语知识主要包括两个方面。一方面是系列知识，如二语正字法、语音、语法、词汇及篇章等知识(Yamashita,2001)。正如语言阈值假设所提出的,二语学习者只有解决了这些"语言问题",才能让母语的理解技能成为共享的认知能力。从阅读的认知心理过程来看,解决语言问题才能对无关信息进行有效抑制。另一方面是二语背景知识。研究表明,在进行阅读时,读者除了使用语言知识外,也在不断地利用储存在大脑中的背景知识,丰富的背景知识无论对于母语阅读还是二语阅读都很有帮助。要提升二语水平,丰富阅读经历非常重要。教师尤其是要鼓励学生泛读。有研究者指出约100字长的英语泛读材料最适合二语水平较低的学习者(Walter,2007)[17]。泛读既有利于二语词汇的附带习得,又有利于丰富阅读经验或者背景知识,加速二语语言处理的自动化。

最后,目前一些英语教材仍然包含大量关于如何训练读者阅读技巧的内容;在英语课堂上,大多数教师也会用大量时间教授学生一些他们在母语里已经掌握的阅读技能和阅读策略。这些做法值得商榷。如果确如二语认知假说所提出的,当学习者的二语知识达到或超过了"门槛"时,其在母语里习得的认知和读写技能就能为二语阅读所用,那么将时间和资源直接用在帮助学习者提升二语知识水平上可能会更有效。此外,如果成功进行二语理解加工需要读者的潜在能力发展到某个点上,使得与抑制相关的许多无意识的决定过程能够高度自动化,那么教师更需要思考这些潜在能力的内容和性质,以及其他相关中介因素的作用。有研究发现,对中低水平的学习者来说,句法解析能力的欠缺是造成第一语言与第二语言工作记忆差别的重要因素(Walter,2007)[18],因此在教学中增加课堂活动来帮助读者提升其句法解析的自动化程度是非常有意义的尝试。另外,如果第二语言工作记忆能力的发展确实受第二语言音位体系表征的限制,那么适当进行语音教育可能是帮助具备母语读写能力但刚刚接触二语阅读的学习者提升理解能力的有效方法。

9.2 二语阅读能力的培养策略

基于语言学习者语篇阅读加工能力不足的现状,本书的研究者拟提出相应的培养策略,以提升学习者的二语阅读能力和建构语篇整体意义的能力。

9.2.1 构建有效的背景知识图式

根据建构主义理论的观点,阅读是读者基于阅读内容借助其背景知识不断构建语篇情境模式的过程。基于记忆的语篇加工理论也强调记忆中的信息对语篇理解的重要性。语篇阅读涉及的主题具有多样性和广泛性。因此,语言学习者需要拥有大量相关背景知识,并适时激活与当前阅读主题相关的背景知识,将其转化为信息图式,进而构建与语篇主题相关的整体语义表征。语言学习者在课堂内外均需涉猎不同体裁和主题的阅读语篇,这有助于其自身背景知识的积累和拓展。通过不断阅读同一主题的不同语篇,学习者可将该知识逐渐转化为心理图式,存储于大脑的长时记忆中。语言教师应设计与语言学习者水平相符的阅读方案,并进行有效监控和评价,确保学习者能够对不同语篇进行自主阅读。具体来讲,教师可通过诸多方式(如目标语国家文化活动场景模拟、目标语国家母语者思维方式剖析等)帮助学习者构建与目标语相关的文化图式,从而减少学习者对语篇信息的误解;还可以设计与语篇主题相关的讨论、完形填空等,以促进学习者心理图式的建构,帮助学习者对语篇缺失的信息进行推理加工。

9.2.2 培养推理思维能力

阅读是一种主动积极的思维活动。语言学习者必须积极进行推理,才能有效构建心理表征。鉴于推理思维能力的重要性,语言教师需要采取行之有效的策略对其加以培养。

首先,学习者的语言能力是提高推理思维能力的基础和前提。对语篇意义的推理是学习者基于语言能力进行的更为复杂的认知加工活动。因此,语言学习者和教师均需着力提升语言水平。学习者语言水平越高,就越有可能捕捉到更多的语篇信息,从而对语篇中隐含的信息作出策略性推理加工。

其次,推理思维能力的培养要从学习者的语篇语境意识出发。语言学习者在语篇阅读过程中,需要结合语篇中的主题信息、逻辑信息、隐含信息和语句信息把握语境,借助语境进行自动或策略性推理加工。学习者需要注重局部连贯表征的建构,努力对语篇信息进行精加工处理,整合局部语境线索和整体语篇信息,实现语篇整体连贯性建构。教师要使学习者意识到,恰当地利用语境线索对理解语篇整体意义非常重要,在课堂阅读教学中要引导学习者利用语境线索,设计可借助语篇语境进行推理的课堂阅读活动。

最后,语言学习者推理思维能力的培养也涉及其预测能力的培养。Seleskovitch(1989)认为,预测能力体现在语义预测和意思预测两方面。语义预测是指通过逻辑关系预测尚未出现的语义内容,而意思预测指的是通过语言规则预测尚未表达完整的语言形式所包含的信息。语言教师需要通过不同途径培养学习者的预测能力,如对学习者进行选词填空、预测语篇后续信息等训练。随着语言学习者预测能力的提高,当语篇阅读过程中出现信息差时,读者就会积极进行推理,对语篇可能出现的信息加以预测,从而更好地理解语篇内容。

9.2.3 陈述性和程序性知识的培养

语篇阅读是一个从书面文字信息获取意义的认知加工活动。该认知加工活动需要读者陈述性知识与程序性知识的协同运作来完成语篇意义的有效建构。在语篇理解过程中,除了主动的阅读意愿外,读者还需要借助生活常识、社会文化知识、词汇和语法等语言陈述性知识及程序性知识对语篇的隐含信息进行推理加工。二语读者目标语陈述性知识的缺乏会妨碍其将程序性潜能迁移至更费力的二语加工过程。鉴于陈述性和程序性知识在语篇阅读推理加工中的重要作用,教师既要提高学习者的陈述性知识水平,又要着重提高学习者对陈述性知识的运用能力,即程序性知识的发展。陈述性知识的获得主要依赖记忆,而程序性知识的获得则需经历陈述、联结和自动化 3 个阶段。可见,陈述性知识是程序性知识发展的必要基础。因此,在二语学习环境下,教师可通过对语言学习者进行大量的听读输入操练、说写输出训练、意群训练、词汇联想和词汇记忆策略训练、语法知识训练等,不断提高学习者的二语陈述性知识水平,促进其陈述性知识的长足发展。另外,教师还应通过口笔译或说写结合的输出方式,训练语言学习者的语言运用能力。语言输入和输出的反复操练会减少学习者在联结阶段易犯的错误,有助于学习者到达自动化阶段。

9.2.4 提高母语能力与二语水平

母语阅读能力和二语水平都是影响二语阅读能力的重要因素。在二语阅读教学中,教师要辩证地看待母语的使用。有效使用母语能保证二语阅读高效进行,帮助读者解决许多二语阅读中的难题。然而,学习者也不能在进行二语阅读时过分依赖母语。通过简单的翻译来帮助学生理解文章意思是不可取的,课堂里母语的过多使用会造成二语输入的减少,不利于学生二语水平的提高(Kern,1994)[442]。本书实验的结论表明,汉语在元认知等方面的功能有助于提高阅读水平,教师若能在这方面对学习者进行培训、引导,会提高学习者的英语阅读能力。

在理论层面，本书的研究结果进一步支持了蒋楠等学者提出的“外语概念形成机制与外语思维”的相关理论。从心理学角度来看，学习者要形成整套的外语概念系统并以此进行认知活动，是一个较为困难且漫长的过程。本书的实验数据表明，即使是二语水平相当不错的学习者，也常常直接用母语的概念系统来理解抽象复杂的外语概念。

认知心理学的结构建造理论认为，理解技能是一个非模式化且随着学习者母语语言能力同时发展但又独立于母语语言的通用认知技能，理解是对理解对象建立连贯的心理表征或心理结构，是各种认知机制（如强化和抑制、工作记忆能力等）共同作用的结果。一个值得二语习得研究者与语言教学者思考的问题是，既然读者需要掌握的是通用技能，那么在课堂里花时间去教授读者已经掌握的理解技能是否造成时间和精力的浪费？有资料表明，许多教师的阅读教学已成为词汇知识、语法知识或句法知识的讲授，这并不是一种理想的外语阅读教学模式，它无法帮助学习者从根本上提高阅读能力和外语水平。那么根据上述观点，如何做才能有效地利用课堂时间帮助学习者解决二语阅读加工中遇到的问题呢？对中低水平的学习者来说，句法解析能力的欠缺是造成母语与二语言语工作记忆差别的根本原因，在教学中增加课堂活动以帮助学习者提升其句法解析的自动化程度是非常有意义的尝试。另外，Walter 的异常探测实验表明，在三种不同长度（100 词、200 词和 300 词）的篇章中，读者在阅读 100 词的篇章时表现最佳。这表明，100 词左右长度的文章适合阅读水平较低的读者，可用作他们的泛读材料，而泛读对于学习者阅读能力及外语水平的提高是非常重要的。此外，适当进行语音教育也可能帮助具有母语读写能力且刚接触二语阅读的学习者运用理解技能。当然，这仍需要对母语为非字母语的读者（如汉语读者）进行更多的研究。

附　录

工作记忆测试

1. Dogs always bark at strangers.

2. The cook is baking the chicken.

3. The jacket doesn't believe in the bull.

4. We benefit from daily exercises.

5. September is biting the kitty.

6. The food is cooked over an open flame.

7. The chairman declared the result of election.

8. Several little stones are playing the cat.

9. The plants benefited from the rain.

10. The boy bit into the apple.

11. The black bike is playing with a ball.

12. Tall trees blinded our downstairs windows.

13. The basket couldn't bear your hot temper.

14. Last night the TV next door bothered my lipstick.

15. The rain beat against the windows.

16. Jane blew out the birthday candle.

17. The furniture boasted of his new pet.

18. The ice-cream stood on a pig.

19. Usually he sat at the door begging money.

20. The police have blocked the road.

21. Many buildings broke into the jewelry shop.

22. Mrs. White gave birth to a fine healthy baby.

23. The meat cut off a piece of butcher.

24. The magazines burnt up his favorite books.

25. Not all the plants bear fruits.

26. They decorated all of the streets.

27. The mountains often called on my teacher.

28. The engineer is designing a computer program.

29. Most of the pillows like eating the candies.

30. The young teacher brightened up my life.

31. The sun is the center of our solar system.

32. The stairs climb up the elderly woman.

33. The camera criticized my new book.

34. We accidentally broke the radio.

35. It was difficult to calm down the football fans.

36. The proud jacket has eaten up all the meat.

37. There're many pages flying the kite.

38. The administration built several new housing projects.

39. My sister built a model ship.

40. My father burned the rug with a cigarette.

41. The computer could find my keys.

42. The colorful ball kicked a little boy.

43. The dog has buried a bone underground.

44. My mother is hating the soup.

45. Several stamps brought me some salad.

46. The black cat catches mice.

47. The young mother is feeding the blackboard.

48. The disease killed millions of people.

49. A group of clothes are walking across the street.

50. The restaurant shall soon finish its college course.
51. The police caught the released prisoner.
52. They couldn't catch the train.
53. The bus landed the pilot.
54. The banana will cancel the party.
55. The manager closed its London Company.
56. The church will open up a new store.
57. The table is at the center of the hall.
58. The sofa jumped on the dog.
59. His coat laughed at everybody.
60. This song brings back memories.
61. He lost his cartoon book.
62. Some people hate to correct their mistakes.
63. The meat burned all the world.
64. Tomorrow we shall call on our teacher.
65. The eggs laid three hens.
66. The table has already eaten its breakfast.
67. These pipes are used to carry waste water.
68. The yellow color is operating a machine.
69. Several experts are doing research on blood diseases.
70. My aunt bargained with the trader.

英语水平测试

Vocabulary and Grammar Test

Directions: There are some sentences in this part. For each sentence there are four choices marked A), B), C) and D). Choose the ONE answer that best completes the sentence. Then mark the corresponding letter on the Answer Sheet with a single line through the centre.

1. I went along thinking of nothing ________ ,only looking at things around me.

A) in particular　B) in harmony　C) in doubt　D) in brief

2. Critics believe that the control of television by mass advertising has ________ the quality of the programs.

A) lessened　B) declined　C) affected　D) effected

3. I must congratulate you ________ the excellent design of the new bridge.

A) with　B) of　C) at　D) on

4. There is a fully ________ health center on the ground floor of the main office building.

A) installed　B) equipped　C) provided　D) projected

5. For more than 20 years, we've been supporting that ________ from kindergartens to colleges.

A) move　B) shift　C) range　D) spread

6. Professor Wang, ________ for his informative lectures, was warmly received by his students.

A) having known　B) to be known　C) known　D) knowing

7. Anna was reading a piece of science fiction, completely ________ to the outside world.

A) losing　B) lost　C) to be lose　D) having been lost

8. ________ their work will give us a much better feel for the wide differences between the two schools of thought.

A) Being reviewed　B) Having reviewed

C) Reviewing　D) To have reviewed

9. The mother didn't know who ________ for the broken glass.

A) blamed　B) be blamed　C) to blame　D) would blame

10. All flights ________ because of the terrible weather, they had to go there by train.

A) having been canceled　B) had been canceled

C) having canceled　D) were canceled

11. We left the meeting, there obviously ________ no point in staying.

A) were B) to be C) being D) having

12. Contrast may make something appear more beautiful than it is when ________ alone.

A) seen B) is seen C) to be seen D) having been seen

13. Although a teenager, Fred could resist ________ what to do and what not to do.

A) telling B) being told C) to tell D) to be told

14. Apart from caring for her children, she has to take on such heavy ________ housework as carrying water and firewood.

A) time-consuming B) time-consumed

C) timely-consumed D) timely-consuming

15. The author of the report is well ________ with the problems in the hospital because he has been working there for many years.

A) informed B) acquainted C) enlightened D) acknowledged

16. He wasn't appointed chairman of the committee, ________ not very popular with all its members.

A) to be considered B) considering

C) being considered D) having considered

17. Sometimes children have trouble ________ fact from fiction and may believe that such things actually exist.

A) to separate B) separating C) for separating D) of separating

18. All the tasks ________ ahead of time, they decided to go on holiday for a week.

A) had been fulfilled B) were fulfilled

C) having been fulfilled D) been fulfilled

19. The president promised to keep all the board members ________ of how the negotiations were going on.

A) informed B) inform C) be informed D) informing

20. As a public relations officer, he is said ________ some very influential people.

A) to have been knowing B) to be knowing

C) to have known D) to know

21. With the development in science and technology man can make various flowers ________ before their time.

A) be bloomed B) blooming C) bloom D) bloomed

22. ________ the temperature falling so rapidly, we couldn't go on with the experiment.

A) With B) For C) As D) Since

23. No one had told Smith about ________ a lecture the following day.

A) there be B) there would be C) there was D) there being

24. So many directors ________, the board meeting had to be put off.

A) were absent B) being absent

C) been absent D) had been absent

25. ________ in a recent science competition, the three students were awarded scholarships totaling $21,000.

A) To be judged the best B) Having judged the best

C) Judged the best D) Judging the best

26. I'll never forget ________ you for the first time.

A) to meet B) to have met

C) meeting D) having to be meeting

27. That young man still denies ________ the fire behind the store.

A) to start B) having started

C) start D) to have started

28. The growth of part-time and flexible working patterns, and of training and retraining schemes, ________ more women to take advantage of employment opportunities.

A) allow B) allows C) allowing D) have allowed

29. Peter, who had been driving all day, suggested ________ at the next town.

A) stop B) to stop C) stopping D) having stopped

30. William Penn, the founder of Pennsylvania, vigorously defended the right of every citizen to freedom of choice in religion.

A) strongly B) justifiably C) initially D) violently

31. The small child was unknowingly tormenting the puppy as he played with it.

A) pleasing B) tantalizing C) titillating D) torturing

32. Generally speaking, a material with a sour taste, such as vinegar or lemon juice, contains an acid.

A) tart B) (an) oily C) fruity D) bland

33. The mother was reluctant to give her son the keys to her car.

A) obdurate B) unwilling C) negligent D) palpable

34. Alvar Aato is considered one of the preeminent architects of the twentieth century.

A) eclectic B) outstanding C) negligent D) controversial

35. The directors faced a predicament in trying to meet the deadline.

A) (an) enigma B) quandary C) task D) (an) occasion

36. German meteorologists have correlated each of six weather phases with the onset of certain medical conditions, ranging from epilepsy to stomach pains.

A) worsening B) pain C) diagnosis D) start

37. Attitudes on the two sides in the Revolutionary War precluded the possibility of a peaceful solution.

A) presaged B) prejudiced C) anticipated D) prevented

38. During the Middle Ages, the sciences were considered to be based in the occult.

A) psychology B) anthropology C) fundamental D) supernatural

39. Millennia have passed since the pyramids were built.

A) Hundreds of years B) Several centuries

C) Thousands of years D) Millions of decades

40. Glass fibers were little more than a novelty until the 1930s, when their thermal and electrical insulating properties were appreciated and methods for producing continuous filaments were developed. The word "appreciated" is

closest in meaning to which of following?

A) experienced B) recognized C) explored D) increased

41. The scarce fossils of the Proterozoic, mostly single-celled bacteria, provide little evidence in this regard. However, the rocks themselves do include the earliest evidence for glaciation, probably a global ice age. The word "scarce" is closest in meaning to which of following?

A) ancient B) tiny C) available D) rare

42. In 2.3-billion-year-old rocks in Canada near Lake Huron (dating from the early part of the Proterozoic age), there are thin laminae of fine-grained sediments that resemble varves, the annual layers of sediment deposited in glacial lakes. The word "resemble" is closest in meaning to which of following?

A) result from B) penetrate C) look like D) replace

43. Watching the behaviors diverse animal species in their natural habitats, Lorenz and Tinbergen observed behavior patterns that promote survival. The word "diverse" is closest in meaning to which of following?

A) small B) varied C) wild D) particular

44. The most well-known of these is imprinting, the early following behavior of certain baby birds that ensures that the young will stay close to their mother and be fed and protected from danger. The word "ensures" is closest in meaning to which of following?

A) guarantees B) proves C) teaches D) assumes

45. It refers to a limited time span during which the child is biologically prepared to acquire certain adaptive behaviors but needs the support of suitably stimulating environment. The word "suitably" is closest in meaning to which of following?

A) willingly B) moderately C) appropriately D) emotionally

46. The development of attachment in human infants is a lengthy process involving changes in psychological structures that lead to a deep affectional tie between parent and baby. The phrase "affectional tie" is closest in meaning to

which of following?

A) cognitive development　　B) emotional attachment

C) psychological need　　D) behavioral change

47. Locke strongly suggested that individuals, while accepting their Americanism, take pride in their African ancestral arts and urged artists to look to Africa for substance and inspiration. The word "urged" is closest in meaning to which of following?

A) prepared　　B) defined　　C) permitted　　D) encouraged

48. From this unity created by the convergence of artists from various social and geographical backgrounds came a new spirit, which, particularly in densely populated Harlem, was to result in greater group awareness and self-determination. The word "convergence" is closest in meaning to which of following?

A) gathering　　B) promotion　　C) expression　　D) influence

49. African American graphic artists took their place beside the poets and writers of the Harlem Renaissance and carried on efforts to increase and promote the visual arts. The phrase "carried on" is closest in meaning to which of following?

A) continued　　B) praised　　C) transformed　　D) connected

50. The asphalt at La Brea seeps to the surface, especially in the summer, and forms shallow puddles that would often have been concealed by leaves and dust. The word "concealed" is closest in meaning to which of following?

A) highlighted　　B) covered　　C) transformed　　D) contaminated

51. The ocean bottom—a region nearly 2.5 times greater than the total land area of the Earth—is a vast frontier that even today is largely unexplored and uncharted. Until about a century ago, the deep-ocean floor was completely inaccessible, hidden beneath waters averaging over 3,600 meters deep. The word "inaccessible" is closest in meaning to which of following?

A) unrecognizable　　B) unreachable　　C) unusable　　D) unsafe

52. The DSDP's drill ship, the Glomar Challenger, was able to maintain a steady

position on the ocean's surface and drill in very deep waters, extracting samples of sediments and rock from the ocean floor. The word "extracting" is closest in meaning to which of following?

A) breaking B) locating C) removing D) analyzing

53. Today, largely on the strength of evidence gathered during the Glomar Challenger's voyages, nearly all earth scientists agree on the theories of plate tectonics and continental drift that explain many of the geological processes that shape the Earth. The word "strength" is closest in meaning to which of following?

A) basis B) purpose C) discovery D) endurance

54. For every three Canadians in 1945, there were over five in 1966. In September 1966 Canada's population passed the 20 million mark. Most of this surging growth came from natural increase. The word "surging" is closest in meaning to which of following?

A) new B) extra C) accelerating D) surprising

55. When the prairies were being settled, undoubtedly, the good economic conditions of the 1950's supported a growth in the population, but the expansion also derived from a trend toward earlier marriages and an increase in the average size of families. The word "trend" is closest in meaning to which of following?

A) tendency B) aim C) growth D) directive

56. After the peak year of 1957, the birth rate in Canada began to decline. It continued falling until in 1966 and stood at the lowest level in 25 years. The word "peak" is closest in meaning to which of following?

A) pointed B) dismal C) mountain D) maximum

57. Although the growth in Canada's population had slowed down by 1966 (the increase in the first half of the 1960s was only nine percent), another large population wave was coming over the horizon. It would be composed of the children who were born during the period of the high birth rate prior to 1957. The phrase "prior to" is closest in meaning to which of following?

A) behind B) since C) during D) preceding

58. Advocates of organic foods—a term whose meaning varies greatly—frequently proclaim that such products are safer and more nutritious than others. The word "Advocates" is closest in meaning to which of following?

A) Proponents B) Merchants C) Inspectors D) Consumers

59. There are numerous unsubstantiated reports that natural vitamins are superior to synthetic ones, that fertilized eggs are nutritionally superior to unfertilized eggs, that untreated grains are better than fumigated grains, and the like. The word "unsubstantiated" is closest in meaning to which of following?

A) unbelievable B) uncontested C) unpopular D) unverified

60. But in many cases consumers are misled if they believe organic foods can maintain health and provide better nutritional quality than conventionally grown foods. So there is real cause for concern if consumers, particularly those with limited incomes, distrust the regular food supply and buy only expensive organic foods instead. The word "maintain" is closest in meaning to which of following?

A) improve B) monitor C) preserve D) restore

参考文献

ABU-RABIA S, 2001. Testing the interdependence hypothesis among native adult bilingual Russian-English students[J]. Journal of psycholinguistic research, 30(4):437-455.

ACHESON D J, MACDONALD M C, 2009. Verbal working memory and language production:common approaches to the serial ordering of verbal information[J]. Psychological bulletin,135(1):50.

ADAMS A, GATHERCOLE S E, 1995. Phonological working memory and speech production in preschool children[J]. Journal of speech,language,and hearing research,38(2):403-414.

ALDERSON J C, 1979. The cloze procedure and proficiency in English as a foreign language[J]. Tesol quarterly,13(2):219-227.

ALDERSON J C,1984. Reading in a foreign language: a reading problem or a language problem? [M]//ALDERSON J C,URQUHART A H. Reading in a foreign language. New York:Longman:1-27.

ALEXANDER P A,JETTON T L,2000. Learning from text:a multidimensional and developmental perspective [J]. Handbook of reading research, 3: 285-310.

ALLEN K,HIGGINS S,ADAMS J,2019. The relationship between visuospatial working memory and mathematical performance in school-aged children:a systematic review[J]. Educational psychology review,31(3):509-531.

ALTEMEIER L E, ABBOTT R D, BERNINGER V W, 2008. Executive functions for reading and writing in typical literacy development and dyslexia[J]. Journal of clinical and experimental neuropsychology, 30(5): 588-606.

ANDERSON N J, 1999. Exploring second language reading: issues and strategies [M]. Boston: Heinle & Heinle.

ANDERSON R M, 1994. Academic and vocational functioning[M]//Practitioner's guide to clinical neuropsychology. Boston: Springer: 184-186.

ANDRADE G, MITCHELL M, STAFFORD E, 2001a. New evidence and perspectives on mergers[J]. Journal of economic perspectives, 15(2): 103-120.

ANDRADE J, BADDELEY A, 2011b. The contribution of phonological short-term memory to artificial grammar learning[J]. Quarterly journal of experimental psychology, 64(5): 960-974.

AVDONINA M, 2019. Cognitive psychological aspect of analytical reading of literary text in a foreign language[J]. Education and educational research, 6 (4): 85-92.

BADDELEY A D, 1992. Working memory[J]. Science, 255(5044): 556-559.

BADDELEY A D, 2000. The episodic buffer: a new component of working memory? [J]. Trends in cognitive sciences, 4(11): 417-423.

BADDELEY A D, 2015. Working memory in second language learning[M]// WEN S H, MOTA M B, MCNEIL A. Working memory in second language acquisition and processing. Bristol: Multilingual Matters: 17-28.

BADDELEY A D, HITCH G J, 2000. Development of working memory: should the Pascual-Leone and the Baddeley and Hitch models be merged? [J]. Journal of experimental child psychology, 77(2): 128-137.

BADDELEY A, 1998. Recent developments in working memory[J]. Current opinion in neurobiology, 8(2): 234-238.

BARNETT M A, 1998. More than meets the eye[M]. Upper Saddle River: Prentice Hall Regents.

BATES D, MAECHLER M, BOLKER B, et al., 2015. Ime4: linear mixed-effects models using Eigen and S4[Z]. R package version 1. 1-7. 2014.

BATES E, GOODMAN J C, 2001. On the inseparability of grammar and the lexicon: evidence from acquisition, aphasia, and real-time processing[J]. Language and cognitive processes,12(5-6):507-584.

BECK I L, MCKEOWN M G, HAMILTON R L, et al., 1997. Questioning the author: an approach for enhancing student engagement with text[M]. Washington DC: International Literacy Association.

BEREITER C, BIRD M. 1985. Use of thinking aloud in identification and teaching of reading comprehension strategies[J]. Cognition and instruction, 2(2): 131-156.

BERNHARDT E B, KAMIL M L, 1995. Interpreting relationships between L1 and L2 reading: consolidating the linguistic threshold and the linguistic interdependence hypotheses[J]. Applied linguistics (1):15-34.

BERNHARDT E B, SMITH F, 2010. Understanding reading[J]. Journal of research in reading,28(3):66-69.

BIRCH B M,2007. English L2 reading: getting to the bottom (2nd ed.)[M]. Mahwah: Erlbaum.

BIRCH B M,2014. English L2 reading: getting to the bottom[M]. London: Routledge.

BJORKLUND D F, HARNISHFEGER K K, 1995. The evolution of inhibition mechanisms and their role in human cognition and behavior[M]//DEMPSTER F N, BRAINERD C J. Interference and inhibition in cognition. San Diego: Academic Press: 141-173.

BLAKE R, SEKULER R, 2005. Perception [M]. Manhattan: McGraw-Hill Humanities.

BODDAERT G, CORNUT C, CASALIS S, 2021. Integration of newly learned L2 words into the mental lexicon is modulated by vocabulary learning method [J]. Acta Psychologica, 212: 1-11.

BOSSERS B, 1991. On thresholds, ceilings and short-circuits: the relation between L1 reading, L2 reading and L2 knowledge[J]. AILA review, 8:45-60.

BRAINERD C J, GORDON L L, 1994. Development of verbatim and gist memory for numbers[J]. Developmental psychology, 30(2): 163-177.

BRISBOIS J E, 1995. Connections between first and second language reading[J]. Journal of reading behavior, 27(4): 565-584.

BROEK P, RISDEN K, FLETCHER C R, et al., 1996. A "landscape" view of reading: fluctuating patterns of activation and the construction of a stable memory representation[M]//Models of understanding text. Oxfordshire: Taylor&Francis: 165-187.

BRUNFAUT T, MCCRAY G, 2015. Looking into test-takers' cognitive processes whilst completing reading tasks: a mixed-method eye-tracking and stimulated recall study[R]. The British Council (ARAGs Research Reports Online; Vol. AR/2015/001).

CAI Y, YANG C, WANG S, et al., 2022. The neural mechanism underlying visual working memory training and its limited transfer effect[J]. Journal of cognitive neuroscience, 34(11): 2082-2099.

CAPLAN D, MICHAUD J, HUFFORD R, 2013. Short-term memory, working memory, and syntactic comprehension in aphasia[J]. Cognitive neuropsychology, 30(2): 77-109.

CARRELL P L, 1991. Second language reading: reading ability or language proficiency?[J]. Applied linguistics 12(2): 159-179.

CARRELL P L, DEVINE J, ESKEY D E, 1988. The relationship between general language competence and second language reading proficiency: implications for teaching[M]//Interactive approaches to second language reading. Cambridge: Cambridge University Press: 260-278.

CARRETTI B, CORNOLDI C, DE BENI R, et al., 2005. Updating in working memory: a comparison of good and poor comprehenders[J]. Journal of experimental child psychology, 91(1): 45-66.

CARRUTHERS P, 2015. Perceiving mental states[J]. Consciousness and cognition, 36: 498-507.

CARTWRIGHT K B, MARSHALL T R, DANDY K L, et al., 2010. The development of graphophonological-semantic cognitive flexibility and its contribution to reading comprehension in beginning readers[J]. Journal of cognition and development, 11(1): 61-85.

CASE R, KURLAND D M, GOLDBERG J, 1982. Operational efficiency and the growth of short-term memory span[J]. Journal of experimental child psychology, 33(3): 386-404.

CHAMOT A U, KUPPER L, 1989. Learning-strategies in foreign-language instruction[J]. Foreign language annals, 22(1): 13-24.

CHAN J, ALEGRE T P, SAFAVI-NAEINI A H, et al., 2011. Laser cooling of a nanomechanical oscillator into its quantum ground state[J]. Nature, 478 (7367): 89-92.

CHANG M, 2009. An appraisal perspective of teacher burnout: examining the emotional work of teachers[J]. Educational psychology review, 21(3): 193-218.

CHEN Y M, 2006. EFL instruction and assessment with portfolios: a case study in Taiwan[J]. Asian EFL journal, 8(1): 69-96.

CHEUNG H, 1996. Nonword span as a unique predictor of second-language vocabulary language[J]. Developmental psychology, 32(5): 867.

CHIAPPE P, SIEGEL L S, HASHER L, 2000. Working memory, inhibitory control, and reading disability[J]. Memory & cognition, 28(1): 8-17.

CHIPERE N, 2003. Long-term working memory[M]//Understanding complex sentences. London: Palgrave Macmillan: 108-133.

CHOMSKY N, HALLE M, 1965. Some controversial questions in phonological theory[J]. Journal of linguistics, 1(2): 97-138.

CHRISTOPHER M E, MIYAKE A, KEENAN J M, et al., 2012. Predicting word reading and comprehension with executive function and speed measures across development: a latent variable analysis[J]. Journal of experimental psychology: general, 141(3): 470.

CHUNG S C, CHEN X, DEACON S H, 2017. The relation between orthographic processing and spelling in grade 1 French immersion children[J]. Journal of research in reading, 41: 1-22.

CLAHSEN H, FELSER C, 2006. Continuity and shallow structures in language processing[J]. Applied psycholinguistics, 27(01): 107-126.

CLARK P K, 1973. A subordinated stochastic process model with finite variance for speculative prices[J]. Econometrica: journal of the econometric society, 41(1): 135-155.

CLARKE M A, 1980. The short circuit hypothesis of ESL reading—or when language competence interferes with reading performance[J]. The modern language journal, 64(2): 203-209.

COADY J, 1979. A psycholinguistic model of the ESL reader[M]//Ronald M A B B. Reading in a second language. Rowley: Newbury House Publishers: 5-12.

COCCHINI G, LOGIE R H, SALA S D, et al., 2002. Concurrent performance of two memory tasks: evidence for domain-specific working memory systems [J]. Memory & cognition, 30(7): 1086-1095.

COHEN A D, 1995. In which language do/should multilinguals think? [J] Language, culture, and curriculum, 8(2): 99-113.

COHEN A D, 2011. Strategies in learning and using a second language [M]. London: Routledge.

COHEN A D, ALLISON K, 1998. Bilingual processing strategies in a university-level immersion program[J]. Ilha do desterro, 35: 187-201.

COLLINS A M, LOFTUS E F, 1975. A spreading-activation theory of semantic processing[J]. Psychological review, 82(6): 407-428.

COLLINS A M, QUILLIAN M R, 1970. Facilitating retrieval from semantic memory: the effect of repeating part of an inference[J]. Acta psychologica, 33(368): 304-314.

COMEAU L, CORMIER P, GRANDMAISON É, et al., 1999. A longitudinal study of phonological processing skills in children learning to read in a second language[J]. Journal of educational psychology, 91(1): 29-43.

CONNELLY S L, HASHER L, ZACKS R T, 2019. Age and reading: the impact of distraction[J]. Psychology and aging, 6(4): 533-541.

CONNELLYS L, HASHER S, 1993. Aging and the inhibition of spatial location[J]. Journal of experimental psychology: human perception and performance, 19(6): 1238-1250.

CONWAY A R, COWAN N, BUNTING M F, et al., 2002. A latent variable analysis of working memory capacity, short-term memory capacity, processing speed, and general fluid intelligence[J]. Intelligence, 30(2): 163-183.

CONWAY J B, 2019. A course in functional analysis[M]. Heidelberg: Springer Verlag.

CONWAY M A, JUSTICE L V, D'ARGEMBEAU A, 2019. The self-memory system revisited: past, present, and future[M]//The organization and structure of autobiographical memory. Oxford: Oxford University Press: 28-51.

COOK V J, 1992. Evidence for multicompetence[J]. Language learning, 42(4): 557-591.

COOLIDGE F L, WYNN T, 2009. The rise of homo sapiens: the evolution of modern thinking[M]. Hoboken: Wiley-Blackwell.

COTTRELL K G, MCNAMARA D S, 2019. Cognitive precursors to science comprehension[M]//GRAY W D, SCHONN C D. Proceedings of the twenty-fourth annual conference of the cognitive science society. New York: Routledge: 244-249.

COWAN N, 1999. An embedded-processes model of working memory[M]//MIYAKE A, SHAH P. Models of working memory: mechanisms of active maintenance and executive control. Cambridge: Cambridge University Press: 62-101.

COWAN N, BLUME C L, SAULTS J S. 2013. Attention to attributes and objects in working memory [J]. Journal of experimental psychology: learning, memory, and cognition, 39(3): 731.

COWAN N, ELLIOTT E M, SAULTS J S, et al., 2005. On the capacity of attention: its estimation and its role in working memory and cognitive aptitudes[J]. Cognitive psychology, 51(1): 42-100.

COWAN N. 1999. An embedded-processes model of working memory [M]// MIYAKE A, SHAH P. Models of working memory: mechanisms of active maintenance and executive control. Cambridge: Cambridge University Press: 62-101.

COWAN N. 2014. Working memory underpins cognitive development, learning, and education[J]. Educational psychology review, 26(2): 197-223.

CUMMING G, FIDLER F, KALINOWSKI P, et al., 2012. The statistical recommendations of the American psychological association publication manual: effect sizes, confidence intervals, and meta-analysis [J]. Australian journal of psychology, 64(3): 138-146.

CUMMINS J, 1979. Linguistic interdependence and the educational development of bilingual children[J]. Review of educational research, 49: 222-251.

CUMMINS J, 2012. The intersection of cognitive and sociocultural factors in the development of reading comprehension among immigrant students. Read & writing, 25: 1973-1990.

CZIKO G A, 1980. Language competence and reading strategies: a comparison of first- and second-language oral reading errors. Language Learning, 30(1), 101-116.

CZIKO G A, 1980. Language competence and reading strategies: a comparison of first- and second- language oral reading errors 1[J]. Language learning, 30 (1): 101-114.

DAHLBERG G M, 2017. A multivocal approach in the analysis of online dialogue in the language-focused classroom in higher education [J]. Journal of educational technology & society, 20(2): 238-250.

DAHLSTROM M F, 2010. The role of causality in information acceptance in narratives: an example from science communication [J]. Communication research, 37(6): 857-875.

DAILY L Z, LOVETT M C, REDER L M, 2001. Modeling individual differences in working memory performance: a source activation account[J]. Cognitive science, 25(3): 315-353.

DANEMAN M, CARPENTER P A, 1980. Individual differences in working memory and reading[J]. Journal of verbal learning and verbal behavior, 19(4): 466.

DANEMAN M, MERIKLE P M, 1996. Working memory and language comprehension: a meta-analysis[J]. Psychonomic bulletin & review, 3(4): 422-433.

DANEMAN M, MERIKLE P M, 1996. Working memory and language comprehension: a meta-analysis[J]. Psychonomic bulletin & review, 3(4): 422-433.

DASCALU M, STAVARACHE L L, TRAUSAN-MATU S, et al., 2015. ReaderBench: an integrated tool supporting both individual and collaborative learning[C]//Design for teaching and learning in a networked world—10th european conference on technology enhanced learning, EC-TEL 2015, proceedings. Heidelberg: Springer Verlag: 505-508.

DAVOUDI M, 2005. Inference generation skill and text comprehension [J]. Reading matrix an international online journal, 5(1): 106-123.

DAVOUDI M, YOUSEFI D, 2016. Comprehension breakdown: a review of research on EFL learners' reading difficulty and problems. International journal of language and applied linguistics, 1: 58-72.

DAVOUDI S, 2005. Understanding territorial cohesion[J]. Planning, practice & research, 20(4): 433-441.

DE BENI R, PALLADINO P, 2000. Intrusion errors in working memory tasks: are they related to reading comprehension ability? [J] Learning and individual differences, 12(2), 131-143.

DE MAGISTRI M S, RICHARDS M M, JURIC L C, 2014. Incidence of executive functions on reading comprehension performance in adolescents[J]. Electronic journal of research in educational psychology, 12(2): 343-370.

DEACON S H, XI C, YANG C L, et al., 2013. Beyond language borders: orthographic processing and word reading in Spanish-English bilinguals[J]. Journal of research in reading, 36(1): 58-74.

DEHN M J, 2017. How working memory enables fluid reasoning[J]. Applied neuropsychology child, 6(3): 1-3.

DEKEYSER R M, 2005. What makes learning second-language grammar difficult? A review of issues[J]. Language learning, 55(S1): 1-25.

DEKEYSER R, JUFFS A, 2005. Cognitive considerations in L2 learning[M]//Hinkel E. Handbook of research in second language teaching and learning. New York: Routledge: 461-478.

DIAZ R M, BERK L E, 1992. Private speech: from social interaction to self-regulation[M]. Mahwah: L. Erlbaum Hillsdale.

ELLEY W B, MANGUBHAI F, 1983. The impact of reading on second language learning[J]. Reading research quarterly, (19)1: 53-67.

ELLIS N C, 2001. Cognition and second language instruction: memory for language[M]. Cambridge: Cambridge University Press.

ELLIS N C, 2001. Memory for language[M]//ROBINSON P. Cognition and second language instruction. Cambridge: Cambridge University Press: 33-68.

ELLIS N C, 2002. Frequency effects in language processing: a review with implications for theories of implicit and explicit language acquisition[J]. Studies in second language acquisition, 24(2): 143-188.

ELLIS N C, 2013. Frequency-based grammar and the acquisition of tense and aspect in L2 learning[M]//Research design and methodology in studies on L2 tense and aspect. Berlin: De Gruyter: 89-118.

ELLIS N C, O'DONNELL M B, RÖMER U, 2013. Usage-based language: investigating the latent structures that underpin acquisition[J]. Language learning 63:25-51.

ELLIS N C, O'DONNELL M, RÖMER U, 2015. Usage-based language learning [M]//MACWHINNEY B, O'GRADY W. The handbook of language emergence. New York: Wiley: 163-180.

ELLIS R, 2012. Language teaching research and language pedagogy [J]. Australian review of applied linguistics, 39(1): 95-98.

ENGLE R W, 2001. What is working memory capacity? [M]//ROEDIGER H L, NAIRNE J S, NEATH I, et al. The nature of remembering: essays in honor of Robert G. Crowder. American psychological association: 297-314.

ENGLE R W, KANE M J, 2004. Executive attention, working memory capacity, and a two-factor theory of cognitive control [M]//ROSS B H. The psychology of learning and motivation: advances in research and theory. Amsterdam: Elsevier: 145-199.

ENGLE R, 2002. Dynamic conditional correlation: a simple class of multivariate generalized autoregressive conditional heteroskedasticity models [J]. Journal of business & economic statistics, 20(3): 339-350.

ENGLE R, CANTOR J, CARULLO J, 1992. Individual differences in working memory and comprehension: a test of four hypotheses [J]. Journal of experimental psychology: learning, 18(5): 972-992.

EYSENCK M W. 2009. A2 level psychology [M]. East Sussex: Psychology Press.

FEDORENKO E, GIBSON E, ROHDE D, 2007. The nature of working memory in linguistic, arithmetic and spatial integration processes [J]. Journal of memory and language, 56(2): 246-269.

FERNANDEZ E M, CAIRNS H S, 2011. The fundamentals of psycholinguistics [M]. Hoboken: Wiley-Blackwell.

FERREIRA F, BAILEY K G, FERRARO V, 2002. Good-enough representations in language comprehension [J]. Current directions in psychological science, 11(1): 11-15.

FERREIRA F, CLIFTON J C, 1986. The independence of syntactic processing

[J]. Journal of memory and language, 25(3): 348-368.

FIELD A, MILES J, FIELD Z, 2012. Discovering statistics using R[M]. Thousand Oaks: Sage publications.

FODOR J A, 1998. Concepts: where cognitive science went wrong[M]. Oxford: Oxford University Press.

FRENCH L M, 2006. Phonological working memory and L2 acquisition: a developmental study of Quebec francophone children learning English[M]. Lewiston, NY: Edwin Mellen Press.

FRIEDMAN N P, MIYAKE A, 2004. The relations among inhibition and interference control functions: a latent-variable analysis[J]. Journal of experimental psychology: general, 133(1): 101.

GARCÍA O, WEI L, 2014. Language, bilingualism and education[M]// Translanguaging: language, bilingualism and education. Heidelberg: Springer: 46-62.

GARCÍA-MADRUGA J A, VILA J O, GÓMEZ-VEIGA I, et al., 2014. Executive processes, reading comprehension and academic achievement in 3th grade primary students[J]. Learning and individual differences, 35: 41-48.

GASS S M, VARONIS E M, 1989. Incorporated repairs in nonnative discourse[M]// EISENSTEIN M R. The dynamic interlanguage. Heidelberg: Springer: 71-86.

GATHERCOLE S E, 1999. Cognitive approaches to the development of short-term memory[J]. Trends in cognitive sciences, 3(11): 410-419.

GATHERCOLE V C M, 2016. Factors moderating proficiency in bilingual speakers[M]//NICOLADIS E, MONTANARI S. Bilingualism across the lifespan: factors moderating language proficiency. Berlin: De Gruyter: 123-140.

GATHERCOLE V C M, THOMAS E M, 2009. Bilingual first-language development: dominant language takeover, threatened minority language take-up[J]. Bilingualism: language and cognition, 12(2): 213-237.

GATHERCOLE V C M, THOMAS E M, KENNEDY I, et al., 2014. Does

language dominance affect cognitive performance in bilinguals? Lifespan evidence from preschoolers through older adults on card sorting, Simon, and metalinguistic tasks[J]. Frontiers in psychology, 5:11.

GENESEE F, GEVA E., DRESSLER C, et al., 2006. Synthesis: Cross-Linguistic Relationships[M]//AUGUST D, SHANAHAN T. Developing literacy in second-language learners: report of the national literacy panel on language-minority children and youth . Mahwah: Lawrence Erlbaum Associates Publishers: 153-174.

GENESEE F, PARADIS J, CRAGO M B, 2004. Dual language development and disorders: a handbook on bilingualism and second language learning[M]. Baltimore: Brookes Publishing.

GERNSBACHER M A, 1990. Language comprehension as structure building [M]. Mahwah: Lawrence Erlbaum Associates.

GERNSBACHER M A, 1991. Cognitive processes and mechanisms in language comprehension: the structure building framework[M]//BOWER G H. The psychology of learning and motivation: advances in research and theory, Vol. 27. Waltham: Academic Press: 217-263.

GERNSBACHER M A, VARNER K R, FAUST M E, 1990. Investigating differences in general comprehension skill [J]. Journal of experimental psychology: learning, memory, and cognition, 16(3): 430.

GIBSON E, 2000, The dependency locality theory: a distance-based theory of linguistic complexity[M]//MARANTZ A, MIYASHITA Y, O'NEIL W. Image, language, brain: papers from the first mind articulation project symposium. Cambridge, MA: The MIT Press: 94-126.

GILABERT R, MUÑOZ C, 2010. Differences in attainment and performance in a foreign language: the role of working memory capacity [J]. International journal of English studies, 10(1): 19-42.

GOLDEN R M, 2010. A developmental neural model of visual word perception [J]. Cognitive science, 10(3): 241-276.

GOO J, 2012. Corrective feedback and working memory capacity in interaction-driven L2 learning[J]. Studies in second language acquisition, 34(03): 445-474.

GOOD T L, 1976. The teaching of educational psychology: some reactions and questions[J]. Contemporary educational psychology, 1(2): 132-137.

GOODMAN G, DOOLEY D, 1976. A framework for help-intended communication. Psychotherapy: theory, research & practice, 13(2): 106-117.

GOODMAN K S, 1973. Miscue analysis: applications to reading instruction[M]. Washington: National Council of Teachers of English.

GOTZNER N, SPALEK K, 2017. The connection between focus and implicatures: investigating alternative activation under working memory load[M]//PISTOIA-REDA S, DOMANESCHI F. Linguistic and psycholinguistic approaches on implicatures and presuppositions. London: Palgrave Macmillan: 175-198.

GOUGHER R L, 1972. Individualization of instruction in foreign languages: a practical guide[J]. Canadian modern language review, 29(1): 106.

GRABE W, 2009. Teaching and testing reading[M]// LONG M H, DOUGHTY C J. The handbook of language teaching. Oxford MA: Wiley-Blackwell: 412-440.

GRABE W, 2015. Science, technology, language and information: implications for language and language-in-education planning[J]. Social science information studies, 5(3): 99-120.

GRAESSER A C, SINGER M, TRABASSO T, 1994. Constructing inferences during narrative text comprehension[J]. Psychological review, 101(3): 371.

GRANENA G, 2016. Cognitive aptitudes for implicit and explicit learning and information-processing styles: an individual differences study[J]. Applied psycholinguistics, 37(03): 577-600.

GRIES S T, 2013. Statistics for linguistics with R: a practical Introduction[M]. Berlin: De Gruyter .

GRIES S T, 2020. Operationalizations of domain-general mechanisms cognitive linguists often rely on: a perspective from quantitative corpus linguistics [M]//Wortschätze. Dynamik, Muster, Komplexität. Berlin: De Gruyter: 75-90.

GRIES S T, ELLIS N C, 2015. Statistical measures for usage-based linguistics [J]. Language learning, 65(S1): 228-255.

GROSJEAN F, 2010. Bilingual: life and reality [M]. Cambridge: Harvard University Press.

GROSJEAN F, WEI L, 2013. The psycholinguistics of bilingualism [M]. Oxford MA: Wiley-Blackwell.

GUAJARDO N R, CARTWRIGHT K B, 2016. The contribution of theory of mind, counterfactual reasoning, and executive function to pre-readers' language comprehension and later reading awareness and comprehension in elementary school[J]. Journal of experimental child psychology, 144: 27-45.

GURLITT J, RENKl A, 2010. Prior knowledge activation: how different concept mapping tasks lead to substantial differences in cognitive processes, learning outcomes, and perceived self-efficacy [J]. Instructional science, 38 (4): 417-433.

HAILIKARI, T, NEVGI A, LINDBLOM-YLÄNNE S, 2007. Exploring alternative ways of assessing prior knowledge, its components and their relation to student achievement: a mathematics based case study [J]. Studies in Educational Evaluation, 33(3): 320-337.

HAMM V P, Hasher L, 1992. Age and the availability of inferences[J]. Psychol aging, 7(1): 56-64.

HARRINGTON M, 1992. Working memory capacity as a constraint on L2 development[J]. Advances in psychology, 83: 123-135.

HARTSUIKER R J, BARKHUYSEN P N, 2006. Language production and working memory: the case of subject-verb agreement [J]. Language and cognitive processes, 21(1-3): 181-204.

HASHER L, ZACKS R T, 1988. Working memory, comprehension, and aging: a review and a new view[M]//BOWER G H. The psychology of learning and motivation: advances in research and theory, Vol. 22. Waltham: Academic Press: 193-225.

HASHER L, ZACKS R T, MAY C P, 1999. Inhibitory control, circadian arousal, and age[M]//GOPHER D, KORIAT A. Attention and performance, XVII, cognitive regulation of performance: interaction of theory and application. Cambridge: MIT Press: 653-657.

HAVIK E, ROBERTS L, VAN HOUT R, et al., 2009. Processing subject—object ambiguities in the L2: a self-paced reading study with German L2 learners of Dutch[J]. Language learning, 59(1): 73-112.

HAWRAS R, 2015. Changes in thinking for speaking: a longitudinal case study [J]. The modern language journal, 99: 83-99.

HAWRAS S, 1996. Towards describing bilingual and multilingual behavior: implications for ESL instruction [Z]. Unpublished Thesis, University of Minnesota.

HEDGCOCK J S, 2009. Acquiring knowledge of discourse conventions in teacher education[M]// BURNS A, RICHARDS J C. The Cambridge guide to second language teacher education. New York: Cambridge University Press: 144-153.

HIRSCH E, 2003. Reading comprehension requires knowledge—of words and the world[J]. American educator, 27(1): 10-20.

HOEY M, 2001. Textual interaction: an introduction to written discourse analysis [M]. London: Routledge.

HOOVER W A, GOUGH P B, 1990. The simple view of reading[J]. Reading and writing, 2(2): 127-160.

HUDJETZ A, Oberauer K, 2007. The effects of processing time and processing rate on forgetting in working memory: testing four models of the complex span paradigm[J]. Memory & cognition, 35(7): 1675-1684.

HULSTIJN J H, 2011. Explanations of associations between L1 and L2 literacy skills[M]//Modeling bilingualism: from structure to chaos. In honor of Kees de Bot. Amsterdam:John Benjamins Publishing Company:85-111.

JACKENDOFF R, 2007. A parallel architecture perspective on language processing[J]. Brain research,1146:2-22.

JARED D,CORMIER P,LEVY B A,et al. ,2013. Discrimination of English and French orthographic patterns by biliterate children[J]. Journal of experimental child psychology,114(4):469-488.

JASPERS J, MADSEN L M, 2016. Sociolinguistics in a languagised world: introduction[J]. Applied linguistics review,7(3):235-258.

JEON E H,YAMASHITA J,2014. L2 reading comprehension and its correlates: a meta-analysis. Language learning,64(1):160-212.

JIANG N,2010. Semantic transfer and its implications for vocabulary teaching in a second language[J]. Modern language journal,88(3):416-432.

JOHNSON A M,TIGHE E L,JACOVINA M E,et al. ,2021. Development of an interactive narrative for adult literacy learners[M]//Research anthology on adult education and the development of lifelong learners. Heidelberg: Springer Verlag:238-262.

JOHNSON M,2021. Embodied mind,meaning,and reason[M]. Chicago: University of Chicago Press.

JONZ J,OLLER J W,1994. A critical appraisal of related cloze research[M]// Cloze and coherence. Cranbury:Buckwell University Press:371-407.

JUFFS A,HARRINGTON M,2011. Aspects of working memory in L2 learning [J]. Language teaching,44(2):137-166.

JUFFS A,RODRÍGUEZ G A,2014. Second language sentence processing[M]. New York:Routledge.

JUST M A,CARPENTER P A,1980. A theory of reading:from eye fixations to comprehension[J]. Psychological review,87(4):329.

JUST M A, CARPENTER P A, 1992. A capacity theory of comprehension: individual differences in working memory[J]. Psychological review,99(1): 122-149.

KAHNEMAN D,1973. Attention and effort[M]. Englewood cliffs:Prentice Hall.

KAWASAKI M, WATANABE M, OKUDA J, et al., 2006. SFS for feature selective maintenance,IPS for simple maintenance in visual working memory [J]. Journal of vision,6(6):1093.

KEATING G D,JEGERSKI J,2015. Experimental designs in sentence processing research:a methodological review and user' s guide[J]. Studies in second language acquisition,37(1):1-32.

KENDEOU P,MCMASTER K L,CHRIST T J,2016. Reading comprehension:core components and processes[J/OL]. Policy Insights from the behavioral and brain sciences,3(1):62-69[2016-01-13]. https://doi.org/10.1177/2372732215624707.

KENDEOU P,VAN DEN BROEK P,2007. The effects of prior knowledge and text structure on comprehension processes during reading of scientific texts [J]. Memory & cognition,35(7):1567-1577.

KERN R G,1994,The role of mental translation in second language reading[J]. Studies in second language acquisition,16(4):441-461.

KIEFFER M J, VUKOVIC R K, BERRY D, 2013. Roles of attention shifting and inhibitory control in fourth-grade reading comprehension[J]. Reading research quarterly,48(4):333-348.

KIM Y S G,2015. Developmental,component-based model of reading fluency:an investigation of predictors of word-reading fluency,text-reading fluency,and reading comprehension[J]. Reading research quarterly,50(4):459-481.

KIM Y,PAYANT C,PEARSON P,2015. The intersection of task-based interaction, task complexity,and working memory:L2 question development through recasts in a laboratory setting[J]. Studies in second language acquisition,37(3):549-581.

KINTSCH W, 1988. The role of knowledge in discourse comprehension: a construction-integration model[J]. Psychological review,95(2):163-182.

KINTSCH W,1998. Comprehension:a paradigm for cognition[M]. Cambridge: Cambridge University Press.

KLEIN H K,MYERS M D,1999. A set of principles for conducting and evaluating interpretive field studies in information systems[J]. Mis qarterly,23:67-93.

KODA K, 2007. Insights into second language reading[M]. Cambridge: Cambridge University Press.

KODA K, 2007. Insights into second language reading: A cross-linguistic approach (Cambridge applied linguistics). Cambridge: Cambridge University Press.

KODA K, 2008. Impacts of prior literacy experience on second language learning to read[M]//KODA K, ZEHLER A M. Learning to read across languages. New York: Routledge: 80-108.

KORMOS J, 2014. Speech production and second language acquisition[M]. New York: Routledge.

KORMOS J, SÁFÁR A, 2008. Phonological short-term memory, working memory and foreign language performance in intensive language learning[J]. Bilingualism: language and cognition, 11(2): 261-271.

KWON H J, SCHALLERT D L, 2016. Understanding translanguaging practices through a biliteracy continua framework: adult biliterates reading academic texts in their two languages[J]. Bilingual research journal, 39(2): 138-151.

LABERGE D, SAMUELS S J, 1974. Toward a theory of automatic information processing in reading[J]. Cognitive psychology, 6(2): 293-323.

LADO R, 1964. Language teaching: a scientific approach[M]. New York: McGraw-Hill.

LANTOLF J P, 1994. Sociocultural theory and second language learning: introduction to the special issue[J]. The modern language journal, 78(4): 418-420.

LANTOLF J P, 2000. Sociocultural theory and second language learning[M]. Oxford: Oxford University Press.

LAUFER B, 1992. How much lexis is necessary for reading comprehension? [M]//Arnaud P J L, BÉJOINT H. Vocabulary and applied linguistics. London: Palgrave Macmillan: 126-132.

LAUFER B, 2011. The development of L2 lexis in the expression of the advanced learner[J]. Modern language journal, 75(4): 440-448.

LAUFER B, NATION P, 1995. Vocabulary size and use: lexical richness in L2 written production. Applied linguistics, 16: 307-322.

LEE J, SCHALLERT D L, 1997. The relative contribution of L2 language proficiency and L1 reading ability to L2 reading performance: a test of the threshold hypothesis in an EFL context[J]. Tesol quarterly, 31: 713-739.

LEESER M, BRANDL A, WEISSGLASS C, et al., 2011. Task effects in second language sentence processing research[M]//Applying priming methods to L2 learning, teaching, and research: insights from psycholinguistics. Amsterdam: John Benjamins Publishing Company: 179-198.

LEMS K, MILLER L D, SORO T M, 2009. Teaching reading to English language learners: insights from linguistics[M]. New York: Guilford Press.

LEÓN C, 2017. Mental representations[M]//SCHWIETER J W, FEREIRRA A. The handbook of translation and cognition: 106-126.

LEVELT W J, 1983. Monitoring and self-repair in speech[J]. Cognition, 14(1): 41-104.

LEVELT W J, ROELOFS A, MEYER A S, 1999. A theory of lexical access in speech production[J]. Behavioral and brain sciences, 22(1): 1-38.

LEWIS G, JONES B, BAKER C, 2012. Translanguaging: developing its conceptualisation and contextualisation[J]. Educational research and evaluation, 18(7): 655-670.

LI S, 2013. The interactions between the effects of implicit and explicit feedback and individual differences in language analytic ability and working memory [J]. The modern language journal, 97(3): 634-654.

LINCK J A, HUGHES M M, CAMPBELL S G, et al., 2013. Hi-LAB: A new measure of aptitude for high-level language proficiency[J]. Language learning, 63(3): 530-566.

LINCK J A, OSTHUS P, KOETH J T, et al., 2014. Working memory and second language comprehension and production: a meta-analysis[J]. Psychonomic bulletin & review, 21(4): 861-883.

LINCK L J, SALMON A K, 2013. Creating a culture of thinking that cultivates the perspective-taking disposition[C]//South Florida Education Research Conference: 99-104.

LINDERHOLM T,GERNSBACHER M A,VAN DEN BROEK P,et al.,2004a. Suppression of story character goals during reading[J]. Discourse processes 37(1):67-78.

LINDERHOLM T, VIRTUE S, TZENG Y, et al., 2004b. Fluctuations in the availability of information during reading: capturing cognitive processes using the landscape model. Discourse processes,37(2):165-186.

LOGIE,R H,DUFF S C,2007. Separating processing from storage in working memory operation span[M]//OSAKA N,LOGIE R H,D'ESPOSITO M. The cognitive neuroscience of working memory. Oxford:Oxford University Press:119-135.

LONG D L,SEELY M R,OPPY B J,1999. The strategic nature of less skilled readers' suppression problems[J]. Discourse Processes,27(3):281-302.

LU B,2011. Working memory and word-order unversals: typological studies of languages of China[D]. Unversity of Hong Kong.

MACDONALD M C,2016. Memory limitations and chunking are variable and cannot explain language structure[J]. Behavioral and brain sciences, 39: 40-41.

MACKEY A,2002. Beyond production:Learners' perceptions about interactional processes[J]. International journal of educational research, 37 (3-4): 379-394.

MACKEY A,ADAMS R,STAFFORD C,et al.,2010. Exploring the relationship between modified output and working memory capacity[J]. Language learning,60(3):501-533.

MACKEY A,ADAMS R,STAFFORD C,et al.,2010. Exploring the relationship between modified output and working memory capacity[J]. Language learning,60(3):501-533.

MACKEY A, GASS S M, 2015. Second language research: methodology and design[M]. New York:Routledge.

MAHAKUD G C,2013. Classroom problem behaviour and working memory of reading disabled and skilled readers[J]. Journal of experimental child,93

(3):265-281.

MARCHMAN V A, BATES E, 1994. Continuity in lexical and morphological development: a test of the critical mass hypothesis[J]. Journal of child language, 21(2):339-366.

MARTIN K I, ELLIS N C, 2012. The roles of phonological STM and working memory in L2 grammar and vocabulary learning. Studies in second language acquisition, 34 (3), 379-413.

MCINTOSH K, 2011. Teaching readers of English: students, texts, and contexts [J]. Journal of English for academic purposes, 10(3):203-204.

MCLAUGHLIN B, 1995. Aptitude from an information-processing perspective [J]. Language testing, 12(3):370-387.

MCLAUGHLIN B, 1995. Assessing language development in bilingual preschool children. NCBE program information guide series No. 22 [Z]. National Clearinghouse for Bilingual Education

MCNAMARA D S, LEVINSTEIN I B, BOONTHUM C, 2004. iSTART: interactive strategy training for active reading and thinking[J]. Behavior research methods, instruments & computers, 36(2):222-233.

MCNAMARA D S, SCOTT J L, 2001. Working memory capacity and strategy use [J]. Memory & cognition, 29(1):10-17.

MCNAMARA D, O'REILLY T, 2006. Theories of comprehension skills: knowledge strategies versus capacity and suppression. Advances in psychology research, 62:1-24.

MCVAY J C, KANE M J, 2012. Drifting from slow to "d'oh!": working memory capacity and mind wandering predict extreme reaction times and executive control errors[J]. Journal of experimental psychology learning memory & cognition, 38(3):525-549.

MESSER D, THOMAS L, HOLLIMAN A, et al., 2018. Evaluating the effectiveness of an educational programming intervention on children's mathematics skills, spatial awareness and working memory[J]. Education and information technologies, 23(6):2879-2888.

MILLER G A, 1956. The magical number seven, plus or minus two: some limits on our capacity for processing information[J]. Psychological review, 101 (2): 343-352.

MILLER J, HIEBEL H, HOEFLER M, et al., 2016. The role of working memory in serial overt visual search: a combined eye tracking and fMRI Study[M]. London: Sage Publications.

MILLER K, LEAH D, TENENA M, et al., 2011. Teaching reading to English language learners: insights from linguistics[M]. New York: Guilford Press.

MILTON J, 2009. Vocabulary studies in first and second language acquisition[J]. Journal of membrane biology, 9(1): 195-207.

MIYAKE A, FRIEDMAN N P, 2012. The nature and organization of individual differences in executive functions: four general conclusions [J]. Current directions in psychological science, 21(1): 8-14.

MIYAKE A, FRIEDMAN N P, EMERSON M J, et al., 2000. The unity and diversity of executive functions and their contributions to complex "frontal lobe" tasks: a latent variable analysis [J]. Cognitive psychology, 41 (1): 49-100.

MIYAKE S, 2001. Multivariate workload evaluation combining physiological and subjective measures[J]. International journal of psychophysiology, 40(3): 233-238.

MONSELL S, 1996. Control of mental processes [M]//BRUCE V. Unsolved mysteries of the mind: tutorial essays in cognition. Oxfordshire: Taylor & Francis: 99-148.

MORGAN-SHORT K, 2014. Electrophysiological approaches to understanding second language acquisition: a field reaching its potential[J]. Annual review of applied linguistics, 34: 15-36.

MORITZ S, LAROI F, 2008. Difference and similarities in the sensory and cognitive signatures of voice-hearing instructions and thoughts[J]. Schizophrenia research, 102: 96-107.

MOYER-GUSÉ E, 2008. Toward a theory of entertainment persuasion: explaining the persuasive effects of entertainment-education messages[J]. Communication theory,18(3):407-425.

MUIJSELAAR M M L,DE JONG P F,2015. The effects of updating ability and knowledge of reading strategies on reading comprehension[J]. Learning and individual differences,43:111-117.

MUSUMECI D M,1989. The ability of second language learners to assign tense at the sentence level: a crosslinguistic study[D]. University of Illinois at Urbana-Champaign.

MYERS J L,O'BRIEN E J,1998. Accessing the discourse representation during reading[J]. Discourse processes,26(2-3):131-157.

NATION P,2006. Language education—vocabulary[M]//ASHER R E. Encyclopedia of language & linguistics. Amsterdam:Elsevier:494-499.

NAVON D,GOPHER D,1979. On the economy of the human-processing system [J]. Psychological review,86(3):214.

O' BRIEN A R, CHIARAVALLOTI N, GOVEROVER Y, et al., 2008. Evidenced-based cognitive rehabilitation for persons with multiple sclerosis: a review of the literature [J]. Archives of physical medicine and rehabilitation,89(4):761-769.

O'GRADY W,1997. Syntactic development[M]. Chicago: University of Chicago Press.

O'GRADY W,2008. The emergentist program[J]. Lingua,118(4):447-464.

O'GRADY W,2015. Processing determinism[J]. Language Learning,65(1):6-32.

O'GRADY W,2017. Working memory and language: from phonology to grammar [J]. Applied psycholinguistics,38(6):1340-1343.

OBERAUER K, LEWANDOWSKY S, FARRELL S, et al., 2012. Modeling working memory: an interference model of complex span[J]. Psychonomic bulletin & review,19(5):779-819.

ODLIN T,2001. Language transfer-cross linguistic influence in language learning [M]. Shanghai: Shanghai Foreign Language Education Press.

OHTA A S,2000. Re-thinking interaction in SLA: developmentally appropriate assistance in the zone of proximal development and the acquisition of L2 grammar[M]//LANTOLF J P. Sociocultural theory and second language learning. Oxford: Oxford University Press: 53-80.

OLIVE T, KELLOGG R T, PIOLAT A, 2008. Verbal, visual, and spatial working memory demands during text composition[J]. Applied psycholinguistics, 29 (4): 669-687.

PALINCSAR A S, BROWN A L, 1984. The reciprocal teaching of comprehension fostering and comprehension-monitoring activities[J]. Cognition and instruction, 1: 117-175.

PALLADINO P, CORNOLDI C, BENI R D, et al., 2001. Working memory and updating processes in reading comprehension[J]. Memory & cognition, 29 (2): 344-354.

PALLADINO P, FERRARI M, 2013. Interference control in working memory: comparing groups of children with atypical development[J]. Child neuropsychology, 19(1): 37-54.

PALMER D K, MARTÍNEZ R A, MATEUS S G, 2014. Reframing the debate on language separation: toward a vision for translanguaging pedagogies in the dual language classroom[J]. The modern language journal, 98(3): 757-772.

PAPADOPOULOU D, VARLOKOSTA S, SPYROPOULOS V, 2011. Case morphology and word order in second language Turkish: evidence from Greek learners[J]. Second language research, 27(2): 173-204.

PASQUARELLA A, CHEN X, GOTTARDO A, 2015. Cross-language transfer of word reading accuracy and word reading fluency in Spanish-English and Chinese-English bilinguals: script-universal and script-specific processes[J]. Journal of educational psychology, 107(1): 96-110.

PAVLENKO A, 2014. The bilingual mind and what it tells us about language and thought[M]. Cambridge: Cambridge University Press.

PELEGRINA S, CAPODIECI A, CARRETTI B, et al., 2015. Magnitude representation and working memory updating in children with arithmetic and reading comprehension disabilities[J]. Journal of learning disabilities, 48

(6):658-668.

PERFETTI C A,1985. Reading ability[M]. Oxford:Oxford University Press.

PERFETTI C A, 2007. Reading ability: lexical quality to comprehension [J]. Scientific studies of reading,11(4):357-383.

PERFETTI C A, LANDI N, OAKHILL J, 2005. The acquisition of reading comprehension skill [M]//SNOWLING M J, HULME C. The science of reading:a handbook. Oxford:Blackwell:227-247.

PERKINS D N, SALOMON G, 1989. Are cognitive skills context-bound? [J]. Educational researcher,18(1):16-25.

PETTIGREW C,MARTIN R C,2015. The role of working memory capacity and interference resolution mechanisms in task switching[J]. Quarterly journal of experimental psychology,69(12):1.

PHILIP W, COOPMANS P, 1996. The role of referentiality in the acquisition of pronominal anaphora [J/OL]. North east linguistics society, 26 (18): 241-255. https://scholarworks. umass. edu/nels/vol26/iss1/18.

PICHETTE F,CONNORS S K,2003. Impact of maintaining L1 reading skills on L2 reading skill development in adults: evidence from speakers of Serbo-Croatian learning French[J]. Modern language journal,87(3):391-403.

PIMPERTON H,NATION K,2010. Suppressing irrelevant information from working memory:evidence for domain-specific deficits in poor comprehenders[J]. Journal of memory and language,62(4):380-391.

PINTRICH P R,1999. The role of motivation in promoting and sustaining self-regulated learning[J]. International journal of educational research,31(6): 459-470.

POTOCKI A,SANCHEZ M,ECALLE J,et al.,2016. Linguistic and cognitive profiles of 8- to 15-year-old children with specific reading comprehension difficulties[J]. Journal of learning disabilities,50(2):128-142.

QUAY H C,1997. Inhibition and attention deficit hyperactivity disorder [J]. Journal of abnormal child psychology,25(1):7-13.

RANDALL M,2007. Memory, psychology and second language learning [M].

Amsterdam:John Benjamins Publishing Company.

RAYNER K,1986. Eye movements and the perceptual span in beginning and skilled readers[J]. Journal of experimental child psychology,41(2):211-236.

RÉVÉSZ A,2014. Towards a fuller assessment of cognitive models of task-based learning:investigating task-generated cognitive demands and processes[J]. Applied linguistics,35(1):87-92.

REYNA V F,BRAINERD C J,1995. Fuzzy-trace theory:some foundational issues [J]. Learning & individual differences,7(2):145-162.

RICHARDS J C,2005. Communicative language teaching today[M]. Cambridge: Cambridge University Press.

ROBERTS L,FELSER C,2011. Plausibility and recovery from garden paths in second language sentence processing[J]. Applied psycholinguistics,32(2): 299-331.

RODRÍGUEZ-VILLAGRA O A, GÖTHE K, OBERAUER K, et al., 2013. Working memory capacity in a go/no-go task: age differences in interference, processing speed, and attentional control[J]. Developmental psychology,49(9):1683.

ROMER D,BETANCOURT L M,BRODSKY N L,et al.,2011. Does adolescent risk taking imply weak executive function? A prospective study of relations between working memory performance,impulsivity,and risk taking in early adolescence[J]. Developmental science,14(5):1119-1133.

RÖMER U, 2009. The inseparability of lexis and grammar: corpus linguistic perspectives[J]. Annual review of cognitive linguistics,7(1):140-162.

ROSEN V M,ENGLE R W,1998. Working memory capacity and suppression [J]. Journal of memory & language,39(3):418-436.

RUMELHART D E,MCCLELLAND J L,1981. Interactive processing through spreading activation. London:Routledge.

SAGARRA N,2007. Online processing of gender agreement in low proficient English-Spanish late bilinguals[J]. Amsterdam studies in the theory and history of linguistic science series 4,287:247.

SAJI N, IMAI M, SAALBACH H, 2011. Word learning does not end at fast-mapping: evolution of verb meanings through reorganization of an entire semantic domain[J]. Cognition, 118(1): 48-64.

SANZ C, LIN H, LADO B, et al., 2016. One size fits all? Learning conditions and working memory capacity in Ab Initio language development[J]. Applied linguistics, 37(5): 669-692.

SAWYER M, RANTA L, 2001. Aptitude, individual differences, and instructional design[M]//SAWYER M, RANTA L. Cognition and second language instruction. Cambridge: Cambridge University Press: 319-353.

SCHMITT N, 2014. Researching vocabulary: a vocabulary research manual[M]. New York: Palgrave Macmillan.

SELESKOVITCH D, 1989. Teaching conference interpreting[M]//KRAWUTSCHKE P W. Translator and interpreter training and foreign language pedagogy. Amsterdam: John Benjamins Publishing Company: 65-88.

SELINKER L, 2009. On the use of informants in discourse analysis and language for specialized purposes[J]. International review of applied linguistics in language teaching, 17(1-4): 189-216.

SIMPSON-VLACH R, ELLIS N C, 2010. An academic formulas list: new methods in phraseology research[J]. Applied linguistics, 31(4): 487-512.

SINGER M, RITCHOT K F M, 1996. The role of working memory capacity and knowledge access in text inference processing[J]. Memory & cognition, 24(6): 733-743.

SINGLETON D, 2014. Apt to change: the problematic of language awareness and language aptitude in age-related research[J]. Czasopisma naukowe, 3: 557-571.

SKEHAN P, 2015. Working memory and second language performance: a commentary[M]//WEN Z E, MOTA M B, MCNEILL A. Working memory in second language acquisition and processing. Bristol: Multilingual Matters: 189-204.

SKEHAN P, 2016. Tasks versus conditions: two perspectives on task research and their implications for pedagogy[J]. Annual review of applied linguistics,

36:34-49.

SKEHAN P, FOSTER P, 2016. Task type and task processing conditions as influences on foreign language performance[J]. Language teaching research, 1(3):185-211.

SKEHAN P, GRANENA G, JACKSON D, et al., 2016. Foreign language aptitude, acquisitional sequences, and psycholinguistic processes [M]//GRANENA G, JACKSON D O, YILMAZ Y. Cognitive individual differences in second language processing and acquisition. Amsterdam: John Benjamins Publishing Company: 17-40.

SMITH F, 2013. Understanding reading: a psycholinguistic analysis of reading and learning to read, sixth edition[J]. Applied psycholinguistics, 4(3):264.

SOKOLOV, 2012. Inner speech and thought[M]. Heidelberg: Springer.

SOLIMAN M, 2014. The effectiveness of reading techniques in developing reading comprehension skills in the secondary stage [J]. Damietta University publication, 1(1):46-50.

SUNDERMAN G, KROLL J F, 2009. When study-abroad experience fails to deliver: the internal resources threshold effect[J]. Applied psycholinguistics, 30(1):79-99.

SWANSON H L, 1996. Individual differences in children's working memory and writing skill[J]. Journal of experimental child psychology, 63(2):358-385.

SWINNEY K, 2017. English language provision and community networks: a collaborative study[D]. University of Sheffield.

TAILLEFER G F, 1996. L2 reading ability: further insight into the short-circuit hypothesis[J]. Modern language journal, 80:461-477.

TARCHI C, 2010. Reading comprehension of informative texts in secondary school: a focus on direct and indirect effects of reader's prior knowledge[J]. Learning and individual differences, 20(5):415-420.

TAVARES T P, LOGIE K, MITCHELL D G, 2016. Opposing effects of perceptual versus working memory load on emotional distraction [J]. Experimental brain research, 234(10):2945-2956.

TORRANCE M G D, 2006. The processing demands of writing [M]//

MACARTHUR C A, GRAHAM S, FITZGERALD J. Handbook of writing research. New York: The Guilford Press: 67-80.

TRABASSO T, VAN DEN BROEK P, SUH S Y, 1989. Logical necessity and transitivity of causal relations in stories[J]. Discourse processes, 12(1): 1-25.

TRABBASSO T, SECCO T, BROEK V D. 1984. Causal cohesion and story coherence[M]//MANDL H, STEIN N L, TRABASSO T. Leaning and comprehension of text. Mahwah: Lawrence Erlbaum Associates: 83-111.

TRAXLER M J, GERNSBACHER M A, 2006. Handbook of psycholinguistics [M]. Amsterdam: Elsevier.

TRUESWELL J C, TANENHAUS M K, GARNSEY S M, 1994. Semantic influences on parsing: use of thematic role information in syntactic ambiguity resolution[J]. Journal of memory and language, 33(3): 285-318.

TUCKER G R, CORSON D. 1997. Encyclopedia of language and education: second language education[M]. Heidelberg: Springer Verlag.

TURLEY-AMES K J, WHITFIELD M M, 2003. Strategy training and working memory task performance[J]. Journal of memory and language, 49(4): 446-468.

TURNER M L, ENGLE R W, 1989. Is working memory capacity task dependent? Journal of memory and language, 28(2): 127-154.

ULLMAN M T, 2001. The neural basis of lexicon and grammar in first and second language: the declarative/procedural model [J]. Bilingualism: language and cognition, 4(2), 105-122.

UNSWORTH N, HEITZ R P, SCHROCK J C, et al., 2005. An automated version of the operation span task[J]. Behavior research methods, 37(3): 498-505.

UPTON D M, KIM B, 1998. Alternative methods of learning and process improvement in manufacturing[J]. Journal of operations management, 16 (1): 1-20.

VAISH V, 2019. Challenges and directions in implementing translanguaging pedagogy for low achieving students[J]. Classroom discourse, 10(3-4):

274-289.

VAN DEN BROEK P, YOUNG M, TZENG Y, et al., 1999. The landscape model of reading: inferences and the online construction of a memory representation[M]// VAN OOSTENDROP H, GOLDMAN S R. The construction of mental representations during reading. East Sussex: Psychology Press: 71-98.

VAN DEN NOORT M, BOSCH P, HAVERKORT M, et al., 2008. A standard computerized version of the reading span test in different languages[J]. European journal of psychological assessment, 24(1): 35.

VAN DYKE J A, JOHNS C L, KUKONA A, 2014. Low working memory capacity is only spuriously related to poor reading comprehension[J]. Cognition, 131(3): 373-403.

VANPATTEN B, 1984. Learners' comprehension of clitic pronouns: more evidence for a word order strategy[J]. Hispanic linguistics, 1(1): 57-68.

VANPATTEN B, 2004. Processing instruction: theory, research, and commentary [M]. New York: Routledge.

VERHAGEN J, LESEMAN P, 2016. How do verbal short-term memory and working memory relate to the acquisition of vocabulary and grammar? A comparison between first and second language learners[J]. Journal of experimental child psychology, 141: 65-82.

VILHAUER R P, 2016. Inner reading voice: an overlooked form of inner speech [J]. Psychosis: psychological, social and intergrative approaches, 8: 37-47.

VYGOTSKY L S, 1987. The collected works of LS Vygotsky: the fundamentals of defectology[M]. Heidelberg: Springer.

VYGOTSKY L S, 1987. Thinking and speech[M]//RIEBER R W, CARTON A S. The collected works of L. S. Vygotsky (Vol. 1), problems of general psychology. New York: Plenum Press: 39-285.

WAGERS M W, LAU E F, PHILLIPS C, 2009. Agreement attraction in comprehension: representations and processes[J]. Journal of memory and language, 61(2): 206-237.

WALTER C, 2004. Transfer of reading comprehension skills to L2 is linked to mental representations of text and to L2 working memory[J]. Applied linguistics,25(3):315-339.

WALTER C, 2007. First- to second-language reading comprehension: not transfer,but access[J]. International journal of applied linguistics,17(1): 14-37.

WANG M, YANG C, CHENG C, 2009. The contributions of phonology, orthography, and morphology in Chinese-English biliteracy acquisition. Applied psycholinguistics,30:291-314.

WATERS G S,CAPLAN D,1996. The measurement of verbal working memory capacity and its relation to reading comprehension[J]. The quarterly journal of experimental psychology,49(1):51-79.

WATERS G S, CAPLAN D. 2003. The reliability and stability of verbal working memory measures[J]. Behavior research methods, instruments & computers, 35 (4):550-564.

WEI Y D,2007. Model-based reasoning in cognitive science[M]//MAGNANI L, LI P. Model-based reasoning in science, technology, and medicine. Heidelberg:Springer Verlag:273-291.

WEISSHEIMER J,MOTA M B,2009. Individual differences in working memory capacity and the development of L2 speech production[J]. Issues in applied linguistics,17(2):553-573.

WEN Z E, 2016. Working memory and second language learning[M]. Bristol: Multilingual matters.

WEN Z E,BIEDRON A,SKEHAN P,2017. Foreign language aptitude theory: yesterday,today and tomorrow[J]. Language teaching,50(1):1-31.

WEN Z,2012. Working memory and second language learning[J]. International journal of applied linguistics,22(1):1-22.

WEN Z, 2015. Working memory in second language acquisition and processing [M]. Bristol:Multilingual Matters.

WEN Z,LI S,SCHWIETER J,et al. ,2019. Working memory in L2 learning and processing[M]//SCHWIETER J W,BENATI A. The Cambridge handbook of language learning. Cambridge:Cambridge University Press:365-389.

WEN Z, SKEHAN P, 2011. A new perspective on foreign language aptitude research:building and supporting a case for "working memory as language aptitude"[J]. Ilha do desterro:a journal of english language,literatures and cultural studies,60:15-44.

WHITNEY P,JAMESON T,HINSON J M,2004. Impulsiveness and executive control of working memory[J]. Personality and individual differences,37(2):417-428.

WILLIAMS E,1994. Thematic structure in syntax[M]. Cambridge:MIT press.

WILLIAMS J,2015. 17 Working memory in SLA research: challenges and prospects [M]//WEN Z,MOTA M B,MCNEIL A. Working memory in second language acquisition and processing. Bristol:Multilingua Matters:301.

WILLIAMS M,WOODMAN G F,2012. Directed forgetting and directed remembering in visual working memory[J]. Journal of experimental psychology: learning, memory,and cognition,38(5):1206-1220.

WINKE P M,2005. Promoting motivation in the foreign language classroom[J]. Clear news,9(2):1-6.

WINTER B, BERGEN B, 2012. Language comprehenders represent object distance both visually and auditorily[J]. Language and cognition, 4(1): 1-16.

WINTER B, PERLMAN M, MAJID A, 2018. Vision dominates in perceptual language:English sensory vocabulary is optimized for usage[J]. Cognition, 179:213-220.

WISSMAN K K, 2021. Bringing a culturally sustaining lens to reading intervention[J]. Journal of literacy research,53(4):563-587.

WOELFER S W, TOMITCH L, 2019. Working memory capacity, reading proficiency,and the processing of verbal and pictorial information in English as a foreign language reading[J]. Alfa revista de linguística (São José Do Rio Preto),63(3):633-660.

WOOLLEY G,2011. Reading comprehension[M]. Heidelberg:Springer:15-34.

YAMASHITA J, 2001. Transfer of L1 reading ability to L2 reading: an elaboration of the linguistic threshold[J]. Studies in language and culture, 23(1):189-200.

YAMASHITA J,2002. Mutual compensation between L1 reading ability and L2 language proficiency in L2 reading comprehension[J]. Journal of research in reading,25(1):81-95.

YANG L L,2004. The development of a validated perceived self-efficacy scale on English reading strategies[J]. Journal of education & psychology, 27: 377-398.

YANG L X,CHEN W F,ANDY H,et al. ,2013. Aging,culture,and memory for categorically processed information[J]. Journals of gerontology series b: psychological sciences & social sciences,68(6):872-881

YENIAD N,MALDA M,MESMAN J,et al. ,2013. Shifting ability predicts math and reading performance in children: a meta-analytical study[J]. Learning and individual differences,23:1-9.

YUILL N, OAKHILL J, 1991. Children's problems in text comprehension: an experimental investigation[M]. Cambridge:Cambridge University Press.

YUILL N,OAKHILL J,2011. Understanding of anaphoric relations in skilled and less skilled comprehenders[J]. British journal of psychology,79(2):173-186.

YUILL N, OAKHILL J, PARKIN A, 2011. Working memory, comprehension ability and the resolution of text anomaly[J]. British of journal of psychology, 80(3): 351-361.

ZELAZO P D, BLAIR C B, WILLOUGHBY M T, 2016. Executive function: implications for education (2017-2000)[R]. Washington DC: Institute of Education Sciences.

ZELAZO P D, FRYE D, RAPUS T, 1996. An age-related dissociation between knowing rules and using them. Cognitive development, 11(1), 37-63.

艾森克,基恩,2009. 认知心理学[M]. 高定国,何凌南,译. 上海:华东师范大学出版社.

蔡基刚,2005. 大学英语教学若干问题思考[J]. 外语教学与研究,37(2):9.

崔雅丽,2011. 现代认知理论与英语阅读教学[M]. 太原:山西教育出版社.

丁锦红,张钦,郭春彦,等.2010.认知心理学[M].北京:中国人民大学出版社.
杜建政,鲁忠义,2005.记忆心理学[M].北京:人民教育出版社.
段云礼,孔祥永,2004.语篇分析在英语专业八级阅读理解测试中的应用[J].外语与外语教学(12):3.
管淑红,王敏,2011.理工类院校英语专业学生阅读能力现状研究[J].教育学术月刊 (5):3.
桂诗春,1986.我国英语专业学生社会心理分析[J].现代外语 (1):14.
桂诗春,1991.实验心理语言学纲要:语言的感知,理解与产生[M].长沙:湖南教育出版社.
桂诗春,2000.新编心理语言学[M].上海:上海外语教育出版社.
何奇光,2001.中国留学生在美国校园适应英语阅读的过程[J].山东外语教学(4):54-57.
胡继武,1991,现代阅读学[M].广州:中山大学出版社.
李洪华,2008.阅读心理过程与汉语阅读的深层理解[J].卫生职业教育,26(11):2.
李胜机,2010.非英语专业学生英语阅读能力的调查与研究[J].华北水利水电学院学报(社科版),26(003):183-185.
梁晓晖,2003.大学生英语阅读障碍成因及应对[J].国际关系学院学报(2):36-42.
彭聃龄,2001.普通心理学 (修订版)[M].北京:中国石化出版社.
任虎林,2013.工作记忆容量大小对二语复句加工的影响研究[J].中国外语,10(2):73.
王文宇,文秋芳,2002.母语思维与二语写作——大学生英语写作过程研究[J].解放军外国语学院学报(04):64-67.
吴诗玉,王同顺,2005.汉语阅读能力和英语词汇与语法水平在英语阅读中的优劣补偿研究[J].国外外语教学(004):7-13.
徐惟诚,2008.重要的是树立信心,提高素质[J].中外企业文化 (11):6-8.
鄢家利,韩宝成,2007.高中生英语课外阅读现状调查与分析[J].教育导刊(12):4.
杨枫,吴诗玉,2013.大学英语教学通识化转向的“逻各斯”[J].外语电化教学(1):6.
杨丽霞,陈永明,崔耀,等,2002.理解能力不同的个体抑制干扰信息的效率[J].心理学报,34(2):120-125.

杨小虎,郑树棠,2005.抑制机制与隐喻理解[J].外语教学与研究,37(4):6.
曾祥芹,韩雪屏.2002,阅读学原理[M].郑州:河南教育出版社.
张法科,赵婷,2007.非语言性阅读障碍调查及课外阅读模式的构建[J].外语界(6):6.
张绍杰,2012.大学英语教育改革的目的与理念[J].东北师大学报:哲学社会科学版(1):3.
周慈波,2007.浅议图式理论在大学英语阅读课堂教学中的运用[J].宁波大学学报:教育科学版,29(3):3.
周红辉,汤瑷宁,2004.试论大学英语教学中语法教学与语用能力的提高[J].渝西学院学报(社会科学版):106-108.
周晓林,MARSLEN-WILSON W,2002.汉字形声字声旁的语义加工(英文)[J].心理学报,34(1):2-10.
周玉凤,李荣宝,2013,中国英语学习者语音短时记忆与词汇习得关系的实证研究[J].华侨大学学报:哲学社会科学版(3):7.
周治金,陈永明,杨丽霞,等,2003.汉语同音歧义词歧义消解的过程及其抑制机制[J].心理学报,35(1):1-8.